萍说 教育那点事

做教育的明白人

楼秀萍 ◎ 著

做教育的明白人
一起坚守常识
永不止步

循道而行
走脑与走心
等一等可以吗
平常心和慈悲心
有份温暖穿透未来

中国国际广播出版社

图书在版编目（CIP）数据

做教育的明白人 / 楼秀萍著 . -- 北京：中国国际广播出版社，2021.5
ISBN 978-7-5078-4891-5

Ⅰ . ①做… Ⅱ . ①楼… Ⅲ . ①教育研究 Ⅳ . ① G40-03

中国版本图书馆 CIP 数据核字（2021）第 066704 号

做教育的明白人

著　　者	楼秀萍
责任编辑	张娟平
装帧设计	有　森
校　　对	吴光利

出版发行	中国国际广播出版社 ［010-83139469　010-83139489（传真）］
社　　址	北京市西城区天宁寺前街 2 号北院 A 座一层
	邮编：100055
印　　刷	北京华强印刷有限公司

开　　本	710×1000　1/16
字　　数	243 千字
印　　张	14.5
版　　次	2021 年 5 月 北京第 1 版
印　　次	2021 年 5 月 第 1 次印刷
定　　价	58.00 元

版权所有　盗版必究

序

2021年刚过元宵节，阳春三月，万物复苏，春意盎然。新学期伊始，诸暨海亮教育集团楼秀萍老师给我打了电话，希望我为她的第三本书《做教育的明白人》作序。她说，这本书面向老师和家长，内容还是以教育随笔、教育故事、教育案例、专题报告为主。闻之，我欣然应允。楼秀萍老师如此勤奋执着、爱岗敬业、用情用心在做教育，我为她这种精神所感动，为她爱教育、爱学生的情怀所感染，为她提出"做教育的明白人"的教育追求而赞赏。其实教育是明白人把人教明白，这是教育工作者的责任与使命。把人教明白，首先自己得是个明白人。因此，做教育的明白人是每位教师、家长的不懈追求与努力方向。

为实现学校"立德树人"的根本任务，就必须做教育的明白人。如何实现"立德树人、教书育人"的根本任务？教育是什么？教育为了谁？今天怎么做教育？需要我们明明白白地思考，清清楚楚地践行。

秀萍老师一直坚守在学校教育第一线，致力于教育及其规律的思考，她继《与孩子一起成长》《今天怎样做家长》两本书后，在不到一年的时间里，又有第三本书《做教育的明白人》即将付梓，值得庆贺！《做教育的明白人》一书，从"爱需要学习"到"教育循道"，从"沟通智慧""家教锦囊"到"做教育真人"，共五辑，内容丰富，语言质朴，深入浅出，通俗易懂。佳作渗透着秀萍老师对教育尤其是对学校德育及家庭教育的实践思考，一个个爱的教育故事，一个个教育孩子的成功案例，一篇篇教育的感悟与反思，凝聚着她对家长、对孩子的深厚情谊，记录着秀萍老师与孩子共同成长的美好回忆，践行着陶行知先生"爱满天下"的教育思想，体现了她"静心教书、潜心育人"的教育情怀与教育智慧。秀萍老

做教育的明白人
ZUO JIAOYU DE MINGBAIREN

师明白地告诉大家，只有明白地做教育、明白地教孩子，才可能让一个个孩子变得阳光而自信，让一个个孩子对学习产生强烈的兴趣，让一个个孩子对人生充满希望与梦想。

但是，我们常常看到，有的教师抱怨，为了学生，牺牲自己许多休息时间，常常加班加点地补课，可学生总是不领情；有的家长迷茫，为了孩子，找家教、上辅导班，但孩子不懂得感恩……这就需要我们思考：爱的教育是什么？怎样来爱孩子？如何掌握科学的教育方式，学习师生沟通、亲子沟通的技巧？怎样教育才能教人做明白人？这都可以从《做教育的明白人》一书中找到答案。该书的一些观点与见解，是秀萍老师多年学校教育、家庭教育的实践成果，值得老师和家长们学习与借鉴，分享她点点滴滴的教育故事，享受师生共同成长的快乐幸福。

"做教育的明白人"，要懂得爱的教育。爱的教育是什么？中国工程院院士、科技部副部长徐南平曾讲述了自己求学的故事：7岁因个人原因而转学，新班主任紧紧抱住他，让他幼小的心灵深深地被感动，让他体会到教育实际上就是一种关爱。四年级时，徐南平因为调皮一度成为全班最差的学生，父母不准备让他继续读书，老师不放弃他，一次次上门家访，对父母说这孩子肯定有出息。老师终于说服父母，让他重新回到课堂继续学习，这使他体会到教育实际上就是一种宽容。初一时，他在上课时津津有味地看《三国演义》，老师发现并把书收走了，他非常着急，因书是借来的。结果下课后老师把书还给他，还肯定他说："读书很好，但不要在课堂上看，否则就捡了芝麻丢了西瓜。"这让他体会到教育实际上就是一种激励。读高三时，老师每天陪伴学生学习到深夜12点，当他看到老师一头青丝变白发时，让他体会到教育实际上就是一种付出。院士徐南平的故事告诉我们，爱，是需要学习的，学习爱的语言、爱的表达方式、爱的智慧与能力。无论老师还是家长，当我们的爱能够满足孩子需求的时候，成为孩子感动生命的美好记忆的时候，这种爱才会产生巨大的能量，成为孩子成长的精神动力！我们的爱让孩子感动心灵的时候，这种爱才会成为孩子感恩的源泉。因此，爱，是一种真诚的理解；爱，是一种平等的尊重；爱，是一种庄严的责任；爱，是一种贴心的宽容……爱的教育，是有生命的，它能够点燃孩子心中的梦想；爱的教育，是有情感的，它能够唤醒孩子的心灵；爱的教育，是有温度的，它能够传递教育的情怀和人文精神。

"做教育的明白人"，要懂得不放弃每一个孩子，放弃孩子，就是放弃教育。居里夫人说："我们要把人生变成一个金色的梦，然后再把这个梦变成现实。"

序

让我们善待每一个日子，呵护每一个孩子，教育就会如童话般美丽。禹正平讲了"好孩子"与"坏孩子"的故事：马云在读小学的时候，与同学打架，自己被打得头破血流，班主任孙老师送他去医院。一路上老师批评后又夸奖马云是个诚实的好孩子，老师的一句"好孩子"既保护了他的自尊心，又给了他当好孩子的自信心。"好孩子"与"坏孩子"一字之差，却改变了马云的学习态度与生命历程。假如孙老师说他是个"坏孩子"，或许，"阿里巴巴集团老总"便被扼杀在摇篮里。当马云回忆这件事时感慨地说，优秀的老师，不仅教我们学知识，而且发现我们身上的特质、潜力，种下未来的种子。因此，教育要从包容开始，走进孩子的心灵，细心观察，耐心引导，期望激励，精心管理，潜心育人，立德树人，彰显爱的教育智慧。教育者用自己独特的富有个性的思维来体验人间的真情，引导孩子用生命去体验真善美，张扬大写的"人"字。通过用爱的情感、爱的智慧这把钥匙，开启孩子心灵与智慧的大门，激发孩子积极向上的情绪，培养与陶冶孩子的道德情感。

"做教育的明白人"，对教师来说，就要做有理想信念、有道德情操、有扎实学识、有仁爱之心的"四有"好老师，这是每一位教师的崇高目标和毕生追求。教育要遵循规律，学习应讲究方法。教师要认真读书，养成阅读习惯，提高阅读能力，增强学习意识、阅读意识、反思意识和研究意识，促进教师自身的专业成长。应该以坚定的理论自信、积极乐观的精神状态、真善美的健全人格感染影响学生，点燃学生对真善美的向往和创新创造的激情，引领学生探求真知、追逐梦想。用我们爱的情感、爱的教育智慧，用我们的道德良知与社会责任，让每一个学生都享受快乐的童年和成功的喜悦，全面而有个性地健康成长！

浙江外国语学院德育研究所所长 教授 朱仁宝
2021 年 3 月 8 日

自序

明明白白搞教育，需要教育者坚守一些基本的常识，无论家长，还是老师。

做教育的明白人，需要清醒

过年走亲访友，经常会看到一个个让人不以为然的教育镜头。

镜头一：祖辈、亲友们进家门，妈妈说，快叫××。十来岁的女孩躲到了一旁，没有招呼。妈妈轻声问，为什么不叫人呢？女孩理直气壮地低声说，为什么要叫？然后哼地一声，头一扭，身一转，玩去了。妈妈笑一下，也忙去了。

镜头二：又是另一个女孩，也是十岁上下。席间给亲人们分蛋糕，其中一位长辈笑着说，叫我什么，叫不出来我不吃。女孩气呼呼地说，你不吃就不吃！把蛋糕重重一放，扭头就走。此时，她的爸爸就在旁边，呵呵直笑，宠溺的目光追随着孩子，大约还在为女儿的大胆、泼辣感到自豪吧。

此时不教，更待何时？教什么？很明显，教礼节，教教养。

一个微笑，一声问候，一句谢谢，一次谦让，都是教养；尊敬年老的长辈，礼貌回答亲朋的问话，忍住自己任性的语言，克制自己不当的行为，承受亲人善意的玩笑，主动体贴父母的不易，皆是教养。

对孩子来说，教养不可能一时展现，往往体现在日常生活的一言一行、一举一动中，需要父母从小有意识地去引导、教育。

其实，每位家长都会希望自己的孩子是有礼有节、懂事有教养的，孩子任性、没礼貌、不懂事，是父母没教吗？也不是。

做教育的明白人

有时,家长觉得应该无条件地爱孩子,却不知道怎么去爱,怎么才是正确的爱;有时,家长被小孩子表现出来的能说会道、自信大胆冲昏了头脑,感觉非常有趣,甚至引以为豪,难以分辨有礼还是无礼;有时,家庭缺乏规则,家长家教宽松,孩子语言、行为不被约束,随心所欲惯了。

更多时,是一俊遮百丑,孩子成绩突出,往往什么都可爱,家长睁只眼闭只眼,有意无意被蒙蔽了双眼。就像上述这几个孩子,成绩都是优秀的。

教育需要清醒。做教育的明白人,需要明确认识到,教育绝不仅仅是分数,更要紧的是做人,从一句应答、一个微笑、一次承诺、一份责任开始,就是"播下真善美的种子""扣好孩子人生的第一颗纽扣"。

做教育的明白人,需要自知

"不要输在起跑线上",这种教育观点在家长中比较盛行。

家长经常会很焦虑。当孩子还没上小学,已经盘算着要送孩子进怎样的兴趣班、补习班;当听说某某家读幼儿园的孩子识字2000个了,某某家孩子唐诗会背几十首了,家长已经坐立不安;当孩子正在青春期,如果状态出现波动,成绩出现起伏,家长就会着急与惶恐,觉得考不进名牌高中,进不了好大学,未来就没有希望了。

社会生存焦虑投射,家长普遍浮躁。周边环境如此,家长攀比、焦虑之心也在所难免;甚至,老师也在社会、家长以及各方竞争的裹挟下,疲于奔命,焦虑不已。

但是,做教育的明白人,需要自知,认识到自己的情绪,认识到自己理念的偏差,也认识到自己到底要培养怎样的孩子。

少焦虑。因为每个孩子不一样,他们有不同的大脑结构,有不一样的气质类型,来自不同的家庭,背后有不同的力量支撑,这是他们不一样的起跑线。

少焦虑。因为孩子的成长是需要等待的。每个孩子就像不同的花,花期不一样,就像自然界的各种动植物,姿态各异,各有特色。如果你了解大脑,就会明白,有些孩子小学时不怎么出彩,也许他的语词识记力、机械记忆力不是特别出众,但到初高中,他的逻辑力、空间思维能力彰显出优势后,成绩就上去了。只要有好的习惯,呵护好孩子脆弱的学习兴趣,孩子就可能大器晚成。

如果家长和老师不断焦虑,总讲学习,关注分数,催逼孩子,互相攀比,总担心这担心那,孩子表现不好就埋怨、指责,不理解、不接纳、不帮扶,孩子也

自　序

会跟着焦虑，内心被负能量占据，孩子学习的动力就会不足。

所以，做不焦虑的、实事求是、平和稳定、以身作则、不断学习、不自以为是的教育者，可能是我们的共识，也是教育者的一份自知之明。

做教育的明白人，需要远见

教育需要远见。做教育的明白人，需要明确认识到，教育不是一时一刻的事，而是时时刻刻的事。教育不只是当下，更事关未来。

假期里给亲戚的孩子带看几天作业，孩子基础很差，在班里属于中下的后进生，做作业时自然是东错西错，或者这个不会那个也不会。如果纠结于他的作业质量，那他就是面目可怜了，学习的信心从何而来？既然成绩乏善可陈，为了孩子的未来，就得格外关注非智力因素的培养。

此时不教，更待何时？教什么？教习惯和品质。

有则阅读，孩子在再三指导下，磕磕绊绊完成了，我特意打了100分，然后问他的感觉。他满脸欢笑，仿佛忘记了做题时的艰难，说特别开心，还要好好做，争取再得100分。这是关注他的信心。

孩子一天要完成四篇阅读训练，他主动想再做一篇，我就在本子上方打颗星并在旁批注——能主动学习；当爱开小差的他表现出一段时间的专心，我打星并批注——专注；前两则阅读错误多，还粗心，第三则仔细起来，我就打上小五角星，批注——细心；朗读疙疙瘩瘩，但他愿意一遍遍不停地读，我适时打星并批注——坚持；数学题做不出来，教了之后还是不太会，但能主动请教，我表扬他勤学善问，没有不懂装懂；吃饭时主动分碗筷，饭后收拾桌子，我夸奖他爱劳动，很懂事；虽然学习很困难，但每天乐呵呵坚持着学，我特别给他打星并写下——进取、乐观、坚强。

在这样的看见、鼓励与帮扶之下，孩子明显有了学习的劲头。

对于后进生，如果我们老师或家长只关注他学习的最后结果——分数，那么他们几乎天天都是挫败，学习的信心无从谈起；只有关注学习过程，关注过程中的品行表现，他们才会有小步子迈进的成就感和"这里关了门那里却开了窗"的获得感。重要的是，这些品质是以后为人处世的重要素养，孩子可以不成英才，但一定要成人。

一起学做教育的明白人。

目录

辑一：爱需要学习 1

　　愿有，心平气和却爱意浓浓的一年级 3
　　为谁而为 5
　　你的慈悲有人看到 8
　　不是隐形人 11
　　小事与小节 13
　　爱他，就不为难他 15
　　爱他，就向他道歉 17
　　爱他，就听听他的心声吧 19
　　握个手的魔力 21
　　看见孩子的心了吗 23
　　爱是深深地理解和接受 25
　　平常心和慈悲心 28
　　那份幸福很甜 31
　　有份温暖穿透未来 33
　　生命，无处不在的表达 35
　　抱抱我吧 37
　　我们憧憬怎样的教室 39

辑二：教育循道 43

　　循道而行 45

你是"夸夸群"群主吗 ……………………………… 48
你的孩子有效率意识吗 …………………………… 51
透视到孩子的内心需求 …………………………… 54
从室友"失踪"说到换位思考能力的培养 ……… 57
为孩子的信念烧一把火 …………………………… 61
让教育来点创意吧 ………………………………… 65
培养孩子解决问题的能力 ………………………… 69
你会"治未病"吗 ………………………………… 72
让孩子学会倾听 …………………………………… 74
沉迷于学习不可自拔 ……………………………… 76
带着孩子反思生活 ………………………………… 78
关灯与光盘 ………………………………………… 80
走脑与走心 ………………………………………… 82
小组讨论也得好好教 ……………………………… 84

辑三：沟通智慧　　　　　　　　　　　　　87

和孩子聊什么 ……………………………………… 89
怎么说学生才听得进 ……………………………… 91
家长，请学会好好说话 …………………………… 94
嘴里带蜜还是嘴里带毒 …………………………… 104
怎么跟家长联系 …………………………………… 107
知己知彼　百战不殆 ……………………………… 110
如何打造新型家校关系 …………………………… 119

辑四：家教锦囊　　　　　　　　　　　　　129

什么才是善良孩子的"铠甲" …………………… 131
男孩遇到了烦心事 ………………………………… 134
让家成为温暖的港湾 ……………………………… 137
用孩子的方式 ……………………………………… 140
爸爸在哪里 ………………………………………… 142
榜样的力量 ………………………………………… 145

目录

  点赞孩子独立思考的能力 148
  赚小钱,也不赚小钱 150
  你的孩子会为别人鼓掌吗 152
  自由可贵 154
  等一等可以吗 156
  穷人家孩子怎么引领 158
  做老师的同盟军和好搭档 161
  家长如何把握教育尺度 165

辑五:做教育真人 179

  家长为什么要学习 181
  先干为敬 183
  愿你仍有少年心 186
  随它去吧 189
  对家长的另一种体贴 191
  心灵成长,收获快乐 193
  是时候调整自己了 199
  做高效能人士,你也行 202
  巧妙管理时间 205
  女人如何更好地爱自己 210

后记 218

辑一：爱需要学习

　　教育是爱的事业，没有爱便没有教育，爱是教育永恒的主题。爱，是需要学习的，学习爱的语言、爱的表达方式、爱的智慧与能力。当我们的爱能够满足孩子需求的时候，就将成为推动孩子生命的巨大能量，成为孩子生命成长的精神动力。因此，爱，是一种对教育的理解；爱，是一种对学生的尊重；爱，是一种对社会、家庭的责任；爱，更是一种教育的信念和浪漫的传奇。让爱给孩子的未来留下充满人性的记忆！

愿有，心平气和却爱意浓浓的一年级

一年级开学两天了。

是怎样的一年级呢？又是怎样的一批一年级老师呢？忙？乱？马不停蹄？焦头烂额？

也许是的，也许并不是。

莉老师带着孩子们读着诗歌《全世界都在对我微笑》：今天，我偷偷做了一件事，于是，全世界突然对我微笑起来。绿树对我招手，花儿对我挤眼，小鸟在枝头叽喳叫，小草们弯腰齐声问我好。而我只不过暗暗下了决心：从今要做个好孩子。就这样，全世界都在对我微笑。小朋友们的双眸发亮，仿佛星星掉进了眼睛。

孟老师拎着一个漂亮的透明包包要去教室了，包包上贴着大大的"magic bag"两个英语单词。她说："接下来的日子，我的'magic bag'一定比我抢手！因为里面住着小猪、小熊和大熊猫，藏着百变小零食、花样小贴纸、神奇小印章，还有……还有猜也猜不着、见也没见过的……"哇哦！103班小男生小女生的学习生活，将要被孟老师的魔法包搅得活色生香了。噢，对了，孟老师前几日还带着英语组的美女老师们出台了英语课的课堂常规，并录制了操作视频，孩子们就可以很形象地学做规范了。这个视频受到了广泛转发，看来对一年级老师们都有大大的启示呢。

萍老师在群里温馨分享说，我们要讲一年级学生听得懂又有童趣的话语，让学生静下来比较有效的一句话是"请把你的小牙齿藏起来"。一节课40分钟，上20分钟左右，应该有一个课中操，否则孩子容易疲乏，无精神。于是，老师们都编了简洁有趣的课中操。

钰老师，以往教中高段，每天打扮得漂漂亮亮，穿着细细的恨天高。连电瓶

做教育的明白人
ZUO JIAOYU DE MINGBAIREN

车司机都笑着对我说,你们学校有个美女教师,每天穿着很高的高跟鞋。可是,钰老师教一年级了,人仿佛矮下去了,从优雅也变成了风风火火,因为她穿上了鲜见的平底球鞋,利索地穿梭在教室、食堂、宿舍中。她说,啊呀,为了孩子们,形象也不要了!

第一个晚上,10点了,袁老师还出没在学生宿舍,因为有孩子想妈妈,睡不着,袁老师哄啊哄。第二天,袁老师弯着老腰,不厌其烦地教孩子们一个个有序地整理柜子,学会摆放。可纵使如此忙碌,心情似乎没有被破坏,因为今天她穿了条很时尚漂亮的格子裙,脸上还有与年纪不符的青春笑容!

吴老师,一边念着儿歌,一边引领着孩子们排队:"一二三四五,快来排队伍。关上小嘴巴,藏起小白牙。双手放两侧,紧盯后脑勺。小手拉起来,齐步向前走。走路靠右行,相互不推搡。"为了让孩子们整齐行进,她想出让孩子们站在地砖的两侧,队伍就不歪了。

媛老师和几个新教师,在学生没到来之前,就忐忑而谦虚地说:"有问题我们要多向你们请教呀。"开学的第二天,她们的孩子们可以很安静有序地排队出食堂了,一名四年级的班主任看到了,赶紧对学生说,看看一年级,排得多整齐,我们要向一年级小朋友学习!

校长妈妈这几天的脸色是灰暗的,因为每天千头万绪的工作,晚上还在学生宿舍视察到半夜,但目光却是清澈的,应该还担得起"浙江微笑"的荣誉称号。昨晚是住校的第二晚,有个小姑娘依然想家,睡不着想哭,校长妈妈握着小女孩的手,抚着她的头,一起听了6遍《半纱壶》,孩子还有小声的抽噎,等到真正安静下来,夜已经很深了。今天午睡时间,校长妈妈放了一遍《半壶纱》的音乐,昨晚陪伴过的小姑娘就说:"哦,是昨天晚上陪我的老师。"今天孩子状态很好。昨晚黑夜中她并不认识老师,可她却记住了老师用爱和音乐在她心头做好的心锚。

孩子怎么学会爱呢?只有被人看见,享受到爱,内心有爱,她才会学着把爱传递出去呀。

学校犹水也,师生犹鱼也,其行动犹游泳也,大鱼前导,小鱼尾随,是从游也!

一切为了孩子。为了孩子的成长。

辑一
爱需要学习

为谁而为

记忆中有这样的画面定格——女儿上小学一年级时,年纪五周岁不到,穿条粉红的裙子去报名,往同学堆里一站,显得特别矮小,一脸天真文静、不谙世事的模样。

我暗暗祈祷,亲爱的班主任,亲爱的老师和同学们,请对我的小小孩温柔以待吧。

同时,我也在心里说,亲爱的孩子,分数我们并不怎么看重,热爱生活、开朗自信、对自己负责、对学习永远有兴趣,这就是我们的期望。

我们是这样想的,也是这样做的。小学阶段,我们关注的是她课上专心听讲、课后认真作业、有空就看课外书、对人有礼貌、平时能多帮助人、做事有责任心,这些习惯或非智力因素。让人欣喜的是,她的班主任小杨老师,后来的班主任小俞老师,还有很多其他的老师,如许老师、孟老师、陈老师等,都很注重对她信心的呵护和学习习惯的培养。所以,女儿从小就很爱学习,积极向上,自理、自律,哪怕有暂时落后,也不屈不挠。

真的特别感谢女儿的小学启蒙老师们,给了孩子正确的教育,注重了习惯和品行的培养,给孩子系好了人生的第一颗纽扣,吃好了人生的开口奶。于孩子一生来说,功劳卓著。

又到开学季,看着又一批可爱的孩子进入了海小校园,家长的内心有怎样的期望?他们想让孩子成为怎样的人?

请听我们的访谈:

家长1:我希望孩子爱学习,有责任心,能和同学友好相处。(这位家长关

做教育的明白人

注的是学习态度、品格、交往能力。）

家长2：我希望孩子快乐、自信、有担当。（这位家长关注的是健康的心理、品格。）

张晓风说，世界啊，今天早晨，我，一个母亲，向你交出她可爱的小男孩，而你们将还我一个怎样的人呢？

这份目送是泪汪汪的，这份接收是沉甸甸的。

教育真的是一件让人满怀希望、激动不已却又心惊肉跳的事情。给孩子的人生打底色，我们是随心所欲、信手拈来还是小心翼翼、精心对待？给孩子的心灵花园播撒种子，我们是毫无章法、信马由缰还是仔细规划、认真部署？

有两位北师大教授的话我非常认可。

钱志亮教授说，不要愚昧地只顾授业、解惑而忘了对学生传道。如果我们一昧地分数至上，有可能成为国家的罪人。知识随时随地可获得，只有学会真诚、善良、勤奋、正直、整洁、仗义、秩序、节俭、果敢、礼貌、守信、仁慈、坚强，那孩子长大后一定会目标明确，甚至大有作为。

姚计海教授说，把人生比作造楼房的话，学各种知识、技能相当于在建造人生的二楼、三楼、四楼等，一楼盖不好，二楼以上盖得越多越危险，而一楼就是最重要的道德品质和个性、习惯。

我们要培养心有爱、行有度、学有长、能思考、能合作、能担当的孩子，一年级开学是不是要抓好常规训练？让孩子的学习和生活习惯能更好，行为更规范。培养守规则、懂礼貌、负责任、会协作、肯付出等品质，为后面的学习打好基础，为人生奠基。

可是，这又是为谁而为呢？是老师的自发行为吗？领导如果不重视为不为呢？

学校是培养人的地方，学校培养什么样的人，这是教育的一个根本问题。办学校和管理学校都是为培养人服务的。培养人，是教师的职责和担当；怎样培养人，是教师的智慧和良知。

教师的工作是科学，在于我们做符合规律的事，做促进孩子身心优化的事。比如一年级起始的养成教育。

教师的工作是艺术，在于孩子如自然界的花草，各不相同，哪怕各班做同一件事，但面对的孩子不同，采用的策略也各异。因为我们老师们会因人而异，因材施教。

辑一
爱需要学习

教师是有情怀的知识分子，在于对正确的事，我们有眼光，有责任心，会义无反顾地去行动，会温柔坚定地去坚持！无论领导重不重视，领导看没看见，都默默无言做着有良知有未来的事。

所以，总会有很多人去擦星星的……

做教育的明白人
ZUO JIAOYU DE MINGBAIREN

你的慈悲有人看到

有的老师说，做教师时间长了，心会越来越柔软，看孩子的眼光会越来越慈爱。越发觉得教育和佛家还真有相通之处。比如，都要有一颗慈悲的心。在某种程度上说，教育有些像佛的工作——佛是度人的，教育是立人、引领生命成长的。

慈悲在哪儿？在平平淡淡的日常里，在点点滴滴的小事中。

慈悲是鼓励

走过110班，看到小家伙们一个个精神抖擞地在排队。想起了一个孩子，我问小张老师："小吴同学怎么样呀？""挺好的，你瞧，站得多正呀。"老师快活地指给我看。果然，在老师的正面暗示下，胖嘟嘟的小吴同学抬头挺胸，神情自豪。可是我知道，小吴同学的妈妈开学还非常担心孩子的动作慢，内向没信心。

我看到了从国外读了幼儿园回来到海小求学的小沈同学，便轻声问小张老师孩子能适应吗？"小沈很棒的，听课特别认真！"额头上贴着两朵小红花的小沈同学害羞地笑了。

在一个慈悲的老师眼里，孩子是没有三六九等的，孩子如自然界的花草、动物，各不相同，特长各异，却各美其美。

晨间饭后，107班生活老师带领孩子们排队回教室，她很大声地表扬前面孩子排得整齐，后面的孩子一听，全有样学样，纷纷排好了。

慈悲的老师知道，正确的鼓励和赞扬是根魔术棒，点到哪里哪里亮。

辑一
爱需要学习

慈悲是共情

章老师去 106 班,一个孩子迎上去说肚子有点不舒服,问她哪里不舒服,她也说不上。章老师就抱着孩子,揉着孩子的肚子,抱了十几分钟,轻轻揉了十几分钟。孩子开心地说好了,不难受了。

慈悲的老师会理解孩子的心情,同理孩子的情绪,孩子也许是想爸爸了,只是想感受一下爱的抱抱,爱的味道。慈悲的老师能看到需求,成全渴望。

慈悲是温柔

生活处的徐老师,为了处理开学的种种事务,为了计量孩子们的校服尺寸,天天晚上弄数据到凌晨,也不回教师公寓,直接睡在了办公室的沙发上。白天看到学生们,再累,也总是露出慈爱而温柔的眼神。

102 班的陈老师,103 班的吴老师,105 班的杨老师,111 班的李老师,手把手教孩子们握铅笔的姿势,一个个验收过关;手把手教孩子们写第一个汉字"一",脖酸腰累,却依然循循善诱。

106 班的毛老师,107 班的何老师,112 班的陈老师,在教室里轻声细语的,调皮学生也慢慢静下了心,学着轻轻走、慢慢说,学着微笑与问候。

慈悲是理解,是体贴

101 班的许老师下载了一个手指操,作为 40 分钟课的课中操。可是马上想到,一年级的孩子做几天,就会对重复的手指操厌倦。于是又联系音乐老师合作编了几个课中操,轮换着用,减轻孩子们的审美疲劳。

一年级报名前,各位班主任就在和家长联系时温馨提醒,可以让孩子带个娃娃(或其他爱的承载物品)到校,就寝时,抱着娃娃入睡,作为一种适应期的过渡,以寄托情感,缓解思念之情。

109 班的小俞老师跟我说起,班上一个孩子入学三四天了,很想妈妈,晚上总是哭,也没带布娃娃。老师想回家去取个娃娃,让孩子晚上抱抱,做做定心丸、安慰剂。可是工作太忙了,从早忙到晚上 9 点多,没时间离开教育园,担心孩子晚上还是哭。小俞老师语气中是满满的急切与心疼。我留了个心,第二天一早从

做教育的明白人

宿舍带了一个给她,喜悦与激动像花一样绽放在小俞老师脸上。

慈悲是用心于孩子的全面成长

104班的袁老师,每天晚自习结束后,会耐心指导几个孩子特别是男孩子打扫卫生,然后让他们提着纸篓,下楼找到学校垃圾桶处,教他们学会小心地倒垃圾。这只是一个劳动技能的训练吗?不仅仅是,同时也是一种责任意识的培养——把职责履行好,把工作做细致!

"人人为我,我为人人。"从一年级开始,有心的老师就会在班级管理中培养孩子们的"角色"责任感,让每一个孩子在班内都扮演一定的"角色",使他们都能有为同学服务的机会。班内巧设岗位,人人有岗,各尽其责。人人有事做,人人有班级建设的小责任。在专心致志做这些"小事"的同时,孩子们的责任意识和工作能力也会慢慢增强,为集体付出、为他人服务的思想也会慢慢深入内心。

慈悲是愿意突破自己来成就学生

慈悲的老师,不固执己见,不自以为是,愿意不断动脑筋,突破自己的瓶颈;不断研究学生,来因材施教。学生爱动爱吵怎么办?如何让学生的心静下来?学生的坏习惯一时改不过来怎么办?回家一趟行为常规有反复怎么办?问题学生有哪些类别,分别怎么引导?你说这样做没用那可以有什么更好的办法?

医生碰到难题要会诊,教师也不可能闭门造车,办公室讨论,群里商量,集体研讨,金点子分享!研究,让教育生活生动有意义起来!

慈悲的老师愿意做灵活的老师,做不断长进的老师,只为了更好地教育孩子!

辑一
爱需要学习

不是隐形人

有人说，德育往往是说起来重要，做起来次要，忙起来不要。那是因为，很多人对德行教育的理解仍停留在背价值观、说教的层面上。

有人说，德育在分数面前，就像隐形人一样，不被师长看见。那是因为，很多人自动地被分数蒙蔽了双眼，一俊遮百丑，以偏概全而不自知。

德行教育是人生基础

走进一个六年级班，一级心理课上下来，三个孩子就"脱颖而出"了。我一看他们的课堂表现和同学反应，就猜其同伴交往能力是有些欠缺的。他们特别喜欢自说自话，哗众取宠，情绪控制能力也相对比较差，同学普遍有点排斥。跟老师一交流，与我猜测的不谋而合。三个同学都挺聪明的，成绩不可谓不好，可是，与同学、老师的关系都很一般，自我为中心，沟通能力不佳。

这个时代，不支持单打独斗、闭门造车，要想有作为，必须学会沟通，学会合作，学会情绪管理。良好的交往能力往往决定了孩子能走多远，优秀的情绪管理能力往往决定了孩子能走多稳，出色的人格品质往往决定了孩子能走多好。

在忙于做题，忙于考试的同时，如果能关注到学生的交往能力行不行，情绪好不好，对学习有没有兴趣，责任心强不强，那老师是有远见的。

这时候，德行教育是什么，它是基础。你把孩子的品德行为引导好了，他在学习上就如虎添翼。同伴交往顺畅，师生关系良好，心理情绪平稳，对己对人负责，在学习上就坚韧无畏，一路向前。

做教育的明白人
ZUO JIAOYU DE MINGBAIREN

同样，班级的精神环境优化了，学生的品德良好了，全班同学更能汲取到团结友爱、积极向上的能量。

要想学得好，走得远，德育是基础装备，是用来给求知、进取、深造、创业、有成就保驾护航的。

如果人是一棵树，德行就是树的根；如果人是一座房，德行就是房子的地基。作为教育者，需要有这样系统思考的主动性，去全面地看待和引领学生的发展。

德行教育关乎良知

知识需要系统教学，但偶尔也可临时强化，但德行教育却来不得半点侥幸，需要家庭的潜移默化，也需要学校的长期有意引领。

爱因斯坦说过，什么是教育？就是把学校里所学的全部忘光之后留下来的那点东西。

这点东西是什么？大家一定心中有数。

我们要培养心有爱、行有度、学有长、能思考、能合作、能担当的孩子，我们一年级的老师们，心平气和、不厌其烦地引导着孩子们，怎么走路，怎么排队，怎么听讲，怎么书写，怎么吃饭，怎么整理，怎么问候，怎么表达感谢。规则的落实，习惯的养成，需要付出巨大的心力和持之以恒的毅力。做一天简单，做一周也不难，难的是一月月坚持着做下去，更难的是符合学生身心规律地持续做下去，最难的是还要引导不拘小节的家长们一起形成合力去教育孩子们。

植根于内心的修养；无须提醒的自觉；以约束为前提的自由；为别人着想的善良。这样的品德和教养需要家长和启蒙老师潜移默化、耐心细致地引导和训练。

德育的调皮就在这里，它一时半会看不见付出，一年半载也看不到效果，但对孩子的成长却是桃李不言，下自成蹊。所以，德行教育关系到未来，是需要良知去坚持的。

辑一
爱需要学习

小事与小节

继续我们的德行教育话题

德行教育小事做起

已到第二大周，104 班的袁老师依然督促指导着孩子们如何扫地、如何倒垃圾。这个打扫的习惯训练得非常细致耐心。

我们开玩笑说，打扫也要脑子的呢。

确实，打扫关系到后额叶脑的训练，包括事物前后次序、逻辑概念及组织操作能力。这样说来，打扫不只是教规则和习惯，还教学习和思维呢。打扫同时也是教做人啊——进退，弯腰，谦卑！

看来，教育确实无小事！

103 班的生活老师小朱，看到班里一个男孩子吃饭的习惯不好，右手握着筷子，左手一不小心就伸进碗里拿菜拿饭去了，看来家里从小手抓饭吃惯了。小朱老师从孩子入学的第一天起，就特别关注这个小男孩，与他的不良习惯悄悄作斗争，耐心地引领他左手扶碗边。察看大家吃饭时，看他要把手放进碗里去，就轻轻拉一下他的左手，放在碗边。

我们的一年级生活老师，细心地反复对孩子进行着规则教育：排队的时候，做到静齐快；使用过的东西，放回原处；离开位置，凳子归位；站队时，腰板挺直；吃饭和便后，要洗手。同时也给予着爱心教育：午睡时，给学生盖被子；吃饭时，关心学生是否营养均衡；引导孩子礼貌问候，及时感谢；关注孩子是否团

做教育的明白人

结友爱、互相支持。每一天，每一件事，细水长流，不见光华，却意义深远。

德行教育是以身作则

教育无小事，教师无小节。德行教育就在一年级启蒙老师们的一言一行、一举一动中，也在每个老师的言传身教中。教师是巨大的隐性课程，对吗？

一个爱收拾、讲卫生的老师，她对自己、对学生整理物品的底线不会太低，她的讲桌干干净净，办公桌整整齐齐，每一天，都在无声地告诉学生：瞧，老师这样要求你们，老师也说到做到。同时也在无声地引领孩子：应该把东西放得有条不紊，把学习工具理得一尘不染。

一个爱学习的老师，手捧好书，身溢书香，每一天，用自己的行动默默地告诉学生：我们每天要吃饭，也要读书。孩子们亲其师，信其道，一定会受到熏陶和感染，多看好书，成为像老师一样的人。

教形体课的钱老师，开学有一次听到孩子在洗手间里叫，要卫生纸，钱老师忙跑去拿来，递给孩子，发现是个一年级女生，问她自己会擦屁股吗，她说不会。钱老师就不怕恶心地耐心地帮她拾掇好。

一位女性，在两种人面前会变得强大而无畏，一是成为妈妈后在自己的孩子面前，一是成为老师后在自己的学生面前。那样的时刻，连一个平时胆小内向的女性，也会变得勇往直前。因为，你被人需要。你的关注和尊重，必将在孩子幼小的心田播下关爱他人的种子。

智育很重要，德行教育更重要。作为基础教育的老师，特别是孩子的启蒙老师，重视行为习惯、品德修养，就是给孩子的一生打地基，夯实一点，再夯实一点，那是福泽孩子、福泽孩子家庭，甚至福泽孩子后代的事。

我们老师，一定有这样的理性思维和长远眼光。

辑一
爱需要学习

爱他，就不为难他

爱是校园一切的核心。

行政关爱老师，老师热爱工作，老师爱护学生，学生爱戴老师，学生喜爱学校，学生热爱学习，人人热爱生活，人人呵护校园中的一草一木、一桌一凳。

付出爱，得到爱，看见爱，浸染爱，学会爱。

有哲人说，爱是人生全部的意义。于是我说，爱是校园全部的意义。

开学了，某个学校 20 个班的班主任都响应学校的要求，积极地布置和美化教室。两个星期后，学校打算好好检查评比一番。按惯例，都是行政队伍去检查的，老师们也都习惯了。今年，校长一时性起，决定让 20 位班主任也一起做评委，目的是可以相互学习、取长补短。可结果呢，有几位班主任当场抗议，当了运动员，不想当裁判。闹出个不愉快。

这里的爱是什么呢，重要的是换位思考，即理解。老师们为何会抗议？这跟公办整体的氛围有关系，最主要的是，以前没有过这样的尝试，现在突然有这个举措，领导先得想想这样做的目的和效果会是什么，做一个客观合理的评估。不是领导认为可以相互学习，就能达成学习的目的。

20 位班主任，都是老班主任，学校多年没有教师的流动，大家相互的认知已根深蒂固。第一是整体抗拒改变，抗拒创新；第二是部分老班主任难免得过且过，应付了事，但尊严却还是要的，不想当众出丑。相互评分，就让有的人心里不舒坦了，自己的工作做得不咋样，给别人实事求是评高分吧，明摆着自己的分数就难堪了，下不来台；装模作样不给高分吧，又与内心的良知有冲突，怎么着都是不痛快。学习的目的达不成，反而给大家添堵。

做教育的明白人
ZUO JIAOYU DE MINGBAIREN

爱他，就不为难他。做了运动员，就不让你做裁判员，让你做参观者、发现者吧。咱不分三六九等了。毕竟评比的目的本来就是为了让教室更美丽、更整洁，让校园更有序、更美观，让大家的工作更自觉、更有质量。管理的目标就在这里，重要的是优化评价的手段和过程。

为了达成相互欣赏、相互学习的目的，不如让班主任们拿着学习单，空闲时间，走班串室，相互参观，真诚写下一两个亮点。会议上把老师们发现的亮点匿名宣读，对每一个教室都正面反馈。人人得到正能量，正气满满。做得稍有欠缺的班主任，会对每一个用心用情、充满爱的教室，用爱意、用良知去发现闪光点，并受到触动，激起对用心者的佩服和模仿（也许也有抵触的，但意义说透了，过程明了了，做成习惯了，旧的信念也就松动了，新的信念就可以趁机扎根了）；做得好的班主任，被人真诚地看见、尊重、鼓励、赞美，得到价值感和尊严感，付出总有回报，增强了负责任、有创意地工作的信心。

如果学校持续地用"我眼中美好的你我他"来"看见"和表达，甚至可以是匿名的，每个人都会感受到来自团队浓浓的爱意，团队的向心力、向善心也会不断优化。

在爱的召唤下，管理需要一点纯真和孩子气。

辑一
爱需要学习

爱他，就向他道歉

身边有一位校长，在台上宣读一份获奖名单时，读错了一个小男孩的名字，刚念出来，这个班的孩子就哄笑起来，班主任很快地把这个生僻字的正确读音大声告知，校长赶紧改正，并向全校同学说了声对不起。

中午的时候，校长去到这个班，找到这个男孩子，对他说，对不起，老师上午念错了你的名字，向你道歉。现在我再大声地念一遍……念得对吗？

男孩子红了脸，满脸笑容，一个劲地点头。

校长抱了抱这个孩子，说了声谢谢你。

这么简单的一个动作，就是找到这个班级，找到这个孩子；这么简单的两个词，就是对不起，谢谢你。

它们的意义在哪里？是爱，又仅仅只是爱吗？

还有一位校长的故事。

课间，当这位校长在一年级教室门口的走廊外侧，看着阳光下的孩子恣意绽放的笑容时，一个带有半瓶水的矿泉水瓶凌空飞下，不偏不倚砸到了校长的脑门上。刺痛感袭来的同时，仰头一看，一个男孩趴在三楼走廊栏杆上，不知所措。校长冷静地招招手，让男孩下来。

当孩子耷拉着脑袋站到校长面前时，人之常情是不是批评？——你是哪个班的？班主任没有教育你吗？走廊外不能乱掷东西，喝水就好好的在教室喝，现在是砸到我，如果砸到小朋友头上，你想过后果吗？

可是，这位校长非常镇定，把握好了这个教育的契机。他说，来，先说说为什么会有这样的事发生？老师好好听着。等这个高年级男孩支支吾吾说完自己不

做教育的明白人

ZUO JIAOYU DE MINGBAIREN

是存心的,是趴在阳台上不小心摔下了这个水瓶。校长又说,我先要表扬你,因为你很诚实,砸了水瓶,没有躲进教室,还趴在走廊上;我一招呼,你就下来了;我问原因,你就老实回答了,你是有担当的。然后我要向你道歉,孩子,我们的教育里存在着一些疏忽,你看,二楼栏杆上有老师的一盆仙人掌在晒太阳,隐患是一样的。最后,请你过来摸摸老师的脑袋,是不是红了、肿了?这就是这件事的后果,如果你被砸,可能会更痛些。现在你想说什么?孩子红了脸,真诚地说,老师,对不起。我以后做事一定会小心些。

孩子没有被批评,没有被处罚,有的只是和风细雨的感召。

使卵石臻于完美的,并非锤的打击,而是水的且歌且舞。爱就是理由。

但是,又仅仅只是老师的爱吗?

也许这两位校长人品优良,对人对事充满了善意。但是,作为一名影响众多人的教育者、引领者,他们更有一份教育的先知和预见。

爱是当下的。善意和温暖,现场就被孩子感受到了。被大人尊重的自豪感,被大人平等对待的尊严感,被大人原谅和呵护的感动,油然而生于孩子们内心。可能那一天,甚至那一周,他们对生活、对学习,甚至对这个世界,就多了一份用心和爱。

爱也是未来的。当我们有意无意种下一颗种子时,我们很多时候无法预知种子破土而出的时间、小芽的长势和它的前景。

但有一点可以想象,当面临一些特殊时刻,孩子可能会想起这个心锚,从而浮现当时的美好和感动;在某个巧合机缘,孩子也愿意同样去播洒自己的善意,温暖到眼前的人。

辑一
爱需要学习

爱他，就听听他的心声吧

N来电说，班主任告知自己九年级的儿子早自修和社会课都嚼口香糖，被老师抓到。班主任疾言厉色地说，连幼儿园小朋友都知道上课不能吃东西，真是不像样。

确实如此，校有校纪，班有班规，孩子们遵纪守规，学习、生活井然有序，大家才有好状态、好成绩。班主任为管理全班的纪律，引导每个孩子专注投入学习，提高学习效益，往往费尽心思。

孩子的规则意识不够，自律意识不强，往往是从小在家庭里没有被好好教管，有人宠爱、放任，或者父母也没有意识去进行规范。孩子慢慢地就以自我为中心，或养成了不良习惯，就比一般的孩子规则意识差一些。这样的孩子在集体中，往往最容易被老师同学揪出来，比如谈天、开小差、吃东西等，影响自己，也影响同学，老师头疼，同学也不待见。

可是，排除故意捣乱求关注，有些孩子也有身不由己的原因。我们往往只看到了冰山上的部分，即孩子的语言行为和应对方式，却不知道冰山下藏着什么，比如孩子的想法、感受、需求等。

爱孩子，就让我们去倾听他的想法，了解他的心声。

N的儿子B上课为什么要嚼口香糖呢？他是故意捣乱吗，还是另有隐情？

B说："我当然不是捣乱，最近我感觉学习压力很大，特别是文科，成绩上不去。每周买几盒口香糖去学校，精神不好、注意力不能集中时，嚼一嚼，我就有学习的劲头了。每当口香糖吃完了，我有时会觉得学习的积极性都没了，就像爸爸吸烟一样，有点上瘾了。可是我不敢告诉老师原因，怕被批评。"

做教育的明白人

孩子把口香糖当成了缓解学习压力，提升学习状态的救命稻草。我们仿佛看到了一颗脆弱无助却自我救赎、精疲力竭却还拼命上进的心。

我们在批评孩子破坏统一性，要求加强规则性之余，如果也能去听听他们行为背后的情绪感受，去试着解读冰山下面他们想要安全感、价值感、尊严感的需求，也许能让我们更好地走进孩子的心里。无论家长还是老师。

还是这个九年级孩子B，有一回半夜在宿舍聊天，被值周老师抓到扣了分，第二天自然被班主任警告下不为例，否则取消住校资格，可是孩子却闭口不解释为何闲谈。

如果我们多一点精力和耐心去了解一下，就会得知，原来那晚B深夜睡不着，和同学吐露心声，说着说着，小男子汉居然有泪轻弹，哭了一回。他说自己的情绪控制能力太差了，压力大时，回家听到长辈和父母唠叨，就忍不住发火，大喊大叫，其实事后总是特别后悔，却不知道怎么办，非常痛苦。

怀一份理解和接纳的心，我们就能明白冰冻三尺非一日之寒，孩子的急躁情绪往往是家庭一路教养下来的结果，孩子身在青春期，意识到自己情绪控制能力不好，想改善却无能为力。

怀一份慈悲与爱，我们就会觉得孩子其实也很不容易，也有很多不为人知的痛苦和纠结；我们就不会只是指责唠叨，或空讲道理，而是尊重、接纳和有意识地引导，带领他们更好地认识自己和追寻更优秀的自己。

辑一
爱需要学习

握个手的魔力

走进王老师的课堂,教室干干净净,东西井井有条,窗帘上的美化让人眼前一亮。更让人会心一笑的是,孩子们精气神可足了,小腰板挺得很直,小手小脚放得很平,回答问题声音响亮。

王老师让大家仿照课文里"草芽尖尖"来造词,孩子们说:"花儿红红,草儿青青。"王老师总结道:"你们在说颜色。"孩子们又举例:"冬瓜胖胖,铅笔细细。"王老师总结道:"你们在说形状。"有个小男孩起立说:"白云白白。"王老师平静地问大家,这样可以说吗?有孩子答道,前面已经说白云了,后面就不能说白白了。王老师微笑着竖起大拇指夸道,你想得很对。又问大家,那可以怎么说呢?大家不吭声。有个孩子在座位上轻轻说:"云朵白白。"老师走过去,笑着和他击一下掌,说:"你真厉害。"

在这里,我们想夸的不是老师如何用语言引导孩子思考和表达,更想点赞的是老师的肢体语言对孩子的鼓励和支持。

和老师击掌过的孩子,笑容绽放在他的小脸上,无比自豪和开心。谁说思考不是享受呢?

当孩子没把握没信心时,老师眼观六路耳听八方,细心抓住了学生的灵光乍现,谁说老师没呵护到孩子自信的嫩芽呢?

和老师的肢体接触特别能让孩子产生情感连接和情感共鸣,老师温暖、有爱,谁说不像自己的妈妈呢?

这样的课堂,首先不是知识的课堂,而是情意的课堂,是爱的课堂。

这样的老师,首先不是传道授业解惑者,而是爱的使者,温情的代言人。

做教育的明白人
ZUO JIAOYU DE MINGBAIREN

我在课堂上，经常做的一件事是，找一找，哪几个同学特别文静，一次回答也没争取过，那就给他们创造展示自己的机会。

如果哪个弱势孩子回答问题自信了，表达流畅了，想法独特了，或者只要是比以前进步了，我会特意走过去，静悄悄伸出手，孩子立马就反应过来了，往往同时咧开了嘴，一下子握住了我的手，我就用力握着，有时故意孩子气地甩几下，孩子乐得满脸绽放着莫大的荣光。

孩子是多么容易满足啊。

有时在讲解时，或看视频时，我也会满教室逛着，手也往往不闲着，摸摸这个孩子的头，拍拍那个孩子的肩，或者就是朝哪个孩子微笑着注视几秒。孩子们往往会有点羞涩，却常常乐不可支。这样的互动让孩子们觉得，自己是被老师关注着、爱着的，哪怕在课堂上静悄悄地做看客，不曾争先恐后表达与展示，但也仿佛从未孤单，不被嫌弃，感觉公平，老师是喜欢每一个的，是允许每一个如其所是地存在的。

我们之间的，那是一种爱的流淌，也是安全感的流淌。在这样的课堂上，每个人是被尊重的，是安心的。

其实呢，不过就是几个小小的肢体动作。

辑一
爱需要学习

看见孩子的心了吗

　　随着孩子越来越长大，我们总觉得孩子越来越不可爱，缺点那么多，不尽如人意；嘴巴那么硬，惹人气恼；成绩上不去，使人捉急。
　　如果孩子永远是小的时候那么听话多好呀。父母想。
　　如果学生总是像低段时那么童真可爱多好呀。老师想。
　　六年级心理课上，小王老师让大家在"情绪超市"购买情绪。
　　一孩子说："我想购买'入迷'，我学习经常不自觉要开小差，回家还想着打游戏，自己也控制不了。我渴望学习时很入迷，这样我妈妈会非常开心，就不会念叨我，我的成绩也能上去。"
　　另一孩子说："我想购买'紧张'，因为我从心理书上看到，人有点紧张情绪，可以提高学习效率，我很想把成绩提上去。"
　　又一个孩子说："我想购买'冷静'，因为奥数题目太难了，总是做得想发火，我想冷静点，好好动脑筋，把奥数学得好点，省得父母老师不高兴。"
　　每个孩子都想让父母快乐，同时也渴望老师快乐。每当我问孩子们，你们希望父母开心吗？每个孩子都会毫不犹豫地点头。如果用1~10分来打分，这个心愿强烈到都在7分以上。
　　我们总认为孩子不懂得感恩，甚至不知好歹。那我们明白孩子的心吗？也许并不。
　　很多时候，孩子们只为博父母、老师一笑，而暗暗努力，默默用劲，哪怕学习已是精疲力竭，但在父母的唠叨指责下，从来没有反抗；在老师的教育督促下，依然咬紧牙关。

做教育的明白人

ZUO JIAOYU DE MINGBAIREN

很多时候，老师的爱没有雨露均沾，他们不声不响；父母的爱变化多端，随着分数的高低而起伏，他们随遇而安。甚至二宝来了，他们的爱旁落了，他们也默默不语，暗自伤悲，拿自己开刀。

一名六年级女生，有一天突然拿小刀的背面划手臂，划出了一道道印痕。同桌告诉老师，偶尔下课时，她会在座位上偷偷流泪。

老师连忙了解原委，原来女孩的妈妈生了小弟弟，全家的目光都聚焦到弟弟身上，本来属于女孩的父爱母爱仿佛一下子被分割甚至剥夺了，还来得毫无防备，事先也没有被告知，被引导。加上成绩不够理想，自顾不暇的父母就更是只会指责念叨她，要她争气点，不要不懂事，要为弟弟树立榜样。女孩知道父母辛苦，不敢倾诉，孤独和失落席卷了她，内心苦闷没法排解。

在这里，父母看不到孩子痛苦和委屈的心。

幸亏，有了老师及时的看见和共情，有了和家长及时的沟通和交流，有了创设条件的亲子面对面倾诉和表达，有了后续的跟进和鼓励，父母的二胎关系处理渐渐平衡，女孩渐渐阳光开朗起来。

辑一
爱需要学习

爱是深深地理解和接受

不点朱砂就不点呗

开学第一天，我们有个仪式，整衣冠，背书包，点朱砂，写人字，开启小学生活。一个班一个班地进行过去，很顺利。大部分孩子觉得很新奇，很光荣，开开心心的。某班上来时，有个孩子背完书包，捂着脸，不肯点朱砂，爸爸妈妈当然觉得这样不好，与其他小朋友格格不入怎么可以？他们推孩子过来，想让我给他点朱砂，还不断劝解着。我马上笑着说，不点没关系啊，他也许心里感到害怕吧。可以点也可以不点，先上教室休息去吧，等会儿如果还想来点，也可以下来。你是有选择的。我摸摸小朋友的头，和父母示意一下，他们带着平静下来的孩子离开了。

朱砂开志，是有意义啊。可是意义在感受面前，我们先看到孩子，顾到感受。孩子不想点，也许他害怕红色，也许他有洁癖，也许他对这个曾经有过阴影。但没有关系，不是非点不可，允许他有这样的感受，看到他有这样的情绪，接受他有这样拒绝的行为。

这就是理解和接纳，这就是爱，站在儿童立场的爱。

男孩子也可以哭啊

学生到校报名后，父母陪伴半天，下午回去了。有个男孩子一直抹眼泪，说想爸爸妈妈。旁边的叔叔阿姨劝着他，不要哭啊，你是来读书的，男子汉有泪不

做教育的明白人

轻弹。赵老师没有说什么，只是抱着他，拍拍他的背，没有劝他不要哭。男孩子也可以哭啊，想哭会儿就哭会儿吧。其他家长陪着孩子来报名询问了，赵老师就一手为其他家长报务，另一只手依然牵着站在她旁边的这个眼睛红红小声抽泣的男孩子，慢慢地，他的抽泣声越来越轻了。晚上，这个男孩子还是要哭啊，赵老师给他一个玩具小熊，让他抱着，渐渐入眠。第一次离开父母，孩子有分离焦虑，没有安全感，内心很恐惧，哭啊，沮丧啊，很正常。老师只要看见、拥抱，不批评指责，不过多说教，不过多安慰，然后耐心等待。一切都会过去的。

这就是理解和接纳，这就是爱，站在儿童立场的爱。

坏脾气不是她的错

开学第一天下来，一年级老师们累瘫了。有位老师说，我从来没有教过这么会吵会动的一年级。是啊，我们总有种感觉，学生一届不如一届，孩子越来越皮，越来越难管，事实或许确实如此。时代发展变化如此迅速，当代孩子已不比以前的孩子，老师越来越难当了。

数学老师说，一天课上下来，发现小金这个女同学脾气有点执拗，不服管，人家都按老师的要求行动，她有点依自己。我马上翻看了一下昨天让家长做的一个家庭问卷，发现里面的信息是：孩子从小由外婆带，父母没空管；亲子关系属于溺爱型；父母的情绪控制能力比较差。这样就很好理解了，小金同学是被宠掉了，肯定比较任性，父母脾气不太好，就容易出现这样的情况：要么对孩子毫无原则，要么忍不住了就批评孩子，致使孩子既没规则意识，又容易逆反，不服管教。如果你了解了孩子出自怎样的家庭，你就理解了孩子为何有这样的性格和表现，孩子是无辜的，很多问题是父母、家庭造成的。所以对这样的孩子，老师更应添一份慈悲。

这就是理解和接纳，这就是爱，站在儿童立场的爱。

由此延伸开去。多动的孩子，上网成瘾的孩子，不认真的孩子，不爱做作业的孩子，爱撒谎的孩子，和同学经常闹矛盾的孩子，厌学的孩子，爱顶嘴的孩子，爱欺负别人的孩子，特别是在小学阶段，特别是在小学的头几年，他们是带着家庭的深深印迹来的，他们的身上，是不良家教方式、不良亲子关系、不良父母关系的写照和映衬。理解这点，你就能接纳孩子，能透过他们去检视到孩子背后薄

辑一
爱需要学习

弱的家庭能量，拿出平静而慈悲的心去爱他们，用自己的理性和智慧去寻找对策。所以关键是信念，是思维，是你怎么想的，然后才是具体的方法、策略。

孩子是很可怜的。让我们用慈悲的爱，去接受和看见孩子，无论是家里的孩子，还是班里的孩子。

做教育的明白人
ZUO JIAOYU DE MINGBAIREN

平常心和慈悲心

公办学校一位老师 Y 说起，亲戚在抱怨：真想换班主任。

家长是位温和的妈妈，平时笑脸相迎，不多言语。这次憋不住了，对亲戚老师说了心里话。

妈妈说，女儿在幼儿园时，能唱能跳，老师们都很喜欢，孩子比较阳光自信。读了小学后，一年比一年情绪低落，成绩确实不拔尖，但也不至于很差，老师很少对孩子有肯定的评价，孩子也很怕老师。老师碰到家长，总说家长对孩子的成绩还不够上心。

Y 老师回忆说，这女孩在校园里碰到，确实感觉到越来越不自信，说话低着头，声音很小，邀请她，也不敢到办公室里来拿吃的，说是班主任老师不让她来。

Y 老师不是基于八卦心，而是本着发现问题寻找原因的态度说起此事的，于是我问，这个孩子的爸爸妈妈是很内向的人吗？对孩子的要求严格吗？是控制欲很强的家长吗？

Y 老师说都不算，父母是属于比较平和、善良，要求也不高的。

孩子二年级，班主任 C 老师我也认识，但不熟，按理说，这是一位成熟的教师，很多年前听过她的公开课，无论课堂驾驭还是学科素养，或者是循循善诱的教态，都是很出众的，说是学校里或者整个片区的佼佼者，也不为过。

这样素质优良的低段老师，家长应该是趋之若鹜才是呀。为什么几个家长有想换班或换老师的心声？

问题在哪儿呢？老师到底缺少什么呢？

辑一
爱需要学习

Y老师回忆起C老师平时的一些言谈和做法，深挖下去，也许C老师缺的，是一颗平常心、一颗慈悲心。

平常心看成绩，慈悲心看学生。

每个老师都希望学生有好成绩，这毋庸置疑。在社会推波、家长助澜的情况下，每个老师都不容易，扎扎实实打基础，兢兢业业谋成绩。习惯不好的，教孩子，引家长，呕心沥血；分数不理想的，补作业，开小灶，竭尽全力；品德不行的，当头棒，细叮咛，绞尽脑汁。

有的老师，只要孩子到她手里，成绩一定会进步，全班的平均分一定会领先于同行。这是专业的力量，是认真的态度，也是对学生对家长负责的行动。

学生开开心心学，成绩一点一点提，全班拧成绳，进取、向上、臻好，就在每一天的学习中。

学生学得有信心，基础打得很扎实，为一步一步向更高年级的学习积蓄了力量，这是老师的本职，同时也是功德所在。

但是，老师要去除急功近利，面对不同的孩子，平常心不能忘。

平常心是不过分看重学生的分数和名次，而失去了对孩子的全面客观评价。

平常心是不过分注重平行班之间的分毫差距和对第一名的迷信，否则就没有好心态，容易为了几个分摒弃很多东西，在一条道上摸黑。

平常心是不过度开发。作业不是日光加灯光无止境，试卷不是做了一套又一套，课文背诵默写不是翻来覆去无数次。

平常心是客观看待学生的智力和习惯。每个孩子不一样，有不同的大脑结构，有不一样的气质类型，来自不同的家庭，背后有不同的力量支撑，必须正确而平和地看待这些差别。

有的孩子轻轻松松就能思考到的东西，对有的孩子来说是高不可及的；有些孩子三下五除二能记住的知识，对有些孩子又是难以一蹴而就的。有的孩子算术能力强，有的孩子逻辑好，有的孩子语感差，有的孩子对图形摸不着头脑。有的孩子短期记忆不行，要多给时间记记；有的孩子记得快但长期记忆不好，于是小考得利大考就不行。有的孩子家庭学习氛围不好，家长也不懂教育，孩子就是负重前行；有的孩子家长很会教育，也能以身作则，孩子就可以轻装上阵。

这些都是客观事实。于是，平常心就是因人而异，因材施教，而不是用同一根分数的指挥棒，简单粗暴地压到每一个孩子，因为有些孩子轻松就能托举，有

做教育的明白人

ZUO JIAOYU DE MINGBAIREN

的孩子却被压得喘不过气，再加上老师草率地认为是孩子不认真不努力，就更让孩子丧失信心了。

正是因为了解每个孩子都不一样，每个孩子的学习力都是千差万别的，但每个孩子对爱的渴求却是相似的，这就更需要一份慈悲心。

慈悲心是能看见孩子，能公平地对待孩子，不要因为成绩，而把孩子分成三六九等。

老师的肯定、鼓励就像阳光。有的孩子总在阴暗的地方，或者是自己躲过去的，或者是被同伴挤过去的，照不见阳光，他们就会慢慢萎缩，越来越自卑。

老师需要主动地去看到他们，把光照到他们，他们才能有能量和生机。

渴望受到关注，得到赞美，这是人性最深切的渴望。孩子更是这样。

慈悲的老师，一定会看到孩子的不容易，看到孩子求关注的目光甚至不良行为背后的需求和渴望。

喜欢优秀的学生，这是人之常情；对后进生有一份人为的理解和鼓励，就能超越人性了。老师是贵人，更多也是体现在这样的尊重、呵护、支持、鼓励上。

辑一
爱需要学习

那份幸福很甜

晚上，小斯老师很开心地说要和我分享一份教育的幸福，她把家长的聊天截屏发我，把学生的进步情况简要说了说。原来，班上那位脾气不好、爱打架不爱学习、自认为是草包的小周同学，这学期在老师的精心、耐心教育下，期末考试从70多分提升到90多分。更可贵的是，他的妈妈，一位整天对老师指手画脚、脾气十分暴躁的妈妈，在老师的有心引导下，脾气温和了很多，对教育了解了很多。

这个故事的背景我是非常清楚的，因为前段时间撰写德育案例，小斯老师把这个真实的故事写下来，不仅呈现了案例，还对孩子的情况进行了原因剖析，更对如何转化这个学生及学生背后的家长进行了研究和记录。其间转化孩子的措施非常创意、人文、有爱，看得我很感动。

当脾气不好的小周同学动不动打架骂人时，小斯老师尊重他，故意向他示弱，说班级的地拖不干净，当孩子表示愿意为班级拖地时，小斯老师特地打开淘宝，让他选择，给他买了一把专属拖把，让他的力气有了用武之地；当很少专注学习的小周同学用心画了两张画送给老师时，老师买了两个相框，把他的画装帧起来，展示给全班同学看，并挂在教室里，创造了属于小周的高光时刻；当孩子不愿意背课文时，老师让他督促拖拉的同桌背书，一来二去，两个人都会背了，并让小周同学成了同桌的"师父"，让他踏上与责任心为伍之路……面对一个德困生、学困生，小斯老师巧妙运用"焦点思维"和"罗森塔尔效应"，让孩子逐渐有了进步。

还有小周的妈妈，一开始时刻关注监控，动不动长篇大论给老师发语音信息，

做教育的明白人
ZUO JIAOYU DE MINGBAIREN

天天指导老师应该怎么教育，在家稍有不顺就向孩子发脾气。小斯老师慢慢引导她不要过多干扰老师的工作，加强情绪控制，遵循教育规律，一起带领孩子成长。妈妈从对立、半信半疑到开始配合，逐渐信任和服气，自身的情绪状态、教育意识和方法都有了明显的改观。

今天，我又被小斯老师的那份欣喜和满足深深感动了。隔着屏幕，我仿佛能看到她略显害羞却很智慧的眼神，脸上一定焕发着喜悦的光彩。

因为这份光彩，作为老师的我们，突然间就区别于常人，突然间就因我们的职业和使命而神圣起来。

我说，你是小周同学的贵人，同时也是这个家庭的贵人。

功能无量，听起来仿佛假大空似的，其实细想一下，又何尝不是？老师的尊重、爱心、智慧引领，对一个孩子的成长，对家长教育理念的洗礼，对一个家庭氛围的改变，有形无形有着巨大的作用。

有时候，我们觉得要影响和改变这个世界是多么虚无缥缈的事情，可是殊不知，有时我们抛下一颗火星，却不经意让某个孩子燎原；有时我们给出一束微光，却让某个孩子找到了前进的路；有时我们撒下一颗种子，却让某个孩子看到了一片森林。

当我们影响了一个孩子，可能就影响了一个家庭，甚至影响了这个家庭相关的一些人，他们的生活质量、幸福感有可能因我们的行动而有所提升。我们看不见，但身边的小世界却有可能真的因我们的智慧育人、点滴付出而越来越好。

教育的意义，乃至生命的意义，也许就在于此。

辑一
爱需要学习

有份温暖穿透未来

好友的学校，昨天来了诸暨市妇联和伊创社成员们，她们与外来建设者子女亲切交谈，并为孩子们送上暖心礼物，鼓励他们好好学习，做一名有学识的"新诸暨人"。

好友说，昨天放学时，这些身处异乡的孩子，带着满脸灿烂的笑容，几乎是蹦跳着出校门的。

孩子们暖了，老师们也感到暖了，为孩子们的笑容和快乐。浓浓的关爱，来自温暖的大诸暨政府，也流淌在有爱的校园，那是校长和老师们的慈悲、尊重与怜惜。

这份温暖的意义，仅仅只是当下市政府多措并举倡议新诸暨人留诸过年，市妇联通过"小手拉大手"等载体送去关爱吗？仅仅只是校长和老师们在那一时刻给到了关心、鼓励、支持吗？只是当下吗？

肯定不止。

对于可能从小四处奔波、颠沛流离的孩子来说，那精致的袜子、精巧的学习用品，那真诚的问候和鼓励，那亲切的话语和笑容，这份温暖点亮今天，还有可能穿透未来。

看李玫瑾教授《幽微的人性》一书，里面讲到不少犯罪的案例，有些偏远山区的孩子，有些留守的贫穷孩子，从小被父母嫌弃，被社会抛弃，看尽冷眼，哪怕在象牙塔的学校，也被同学欺侮，被老师批评，日积月累，对人、对社会积累了越来越多的失望甚至仇恨，或机缘巧合，或处心积虑，就走上了犯罪的道路。

记得有个犯罪分子杀了很多人，但他独独留下了一个妇女没有杀害，因为这

做教育的明白人
ZUO JIAOYU DE MINGBAIREN

位妇女曾经给他吃过一点东西，说过一句尊重他的话。

当人在黑暗得仿佛没有尽头的隧道行走时，只要有那一点点微光，就能指引他们不去撞墙；当人在水中快要沉溺的时候，只要那一块小小的浮木，就能扶持他们重回岸边。

基于人性需求的帮助和关爱或许就是那一点点微光。

当然，身在我们诸暨的外来建设者孩子境况糟糕的相对不多，相反，政府给予的政策待遇不差，求学的校园不差，我们的教育理念也领先，"面向每一个，尊重每一个"践行得也不错，整个人文环境应该是可以的。

但背井离乡在外，异样的、不公正的待遇会有吗？冷眼、嘲笑、世态炎凉会有吗？在所难免。对于自卑敏感的人群，更是印象深刻，滴滴入心。

他们，指的是我们在教导的孩子们，也许会成为新诸暨人，也许会奔向全国各地，也许会回到乡下老家，最终，这个地方，这个校园，能给他们记忆中留下什么？

曾经，在年少的时候，在那个有着美好师长的校园被善待过，有份温暖源远流长，也许因着这份温暖，在人生的低谷时刻，甚至四面楚歌的境况中，不至于内心全是寒冷，对人性、对社会，不至于信心泯灭，不至于要去报复社会、报复世人。

或许，我们的初心，是给予关爱，让他们留在这里，为防控疫情，为支持生产。可是，却有了更深远的意义，有可能，那是支持孩子一生明亮的一束微光。

辑一

爱需要学习

生命，无处不在的表达

校园的草坪上，有栀子花开了，洁白如雪，像一个个仙子掩映在绿色中。特别喜欢栀子花，芒种前后盛开之时，大朵大朵，层层叠叠，芳香浓郁，沁人心脾。让人感受生命无瑕纯真的同时，却又莫名在栀子花的奔放与自由中领略到生命的繁华。

繁华的还有月季，园子里剪下的几朵，就在我的办公室案头。大红的，像天边灿烂的晚霞，像新娘浓烈的妆容。花瓣儿有十几片，簇拥在一起，有的肆意张开，有的害羞合拢，花团锦簇中是一种向上的张力，是一种对生命的虔诚与怒放。

早上进校门，看见观光车正要启动，"等等我。"我急切地叫道。

"楼老师！"车上，一张笑脸惊喜地向我绽放。是 102 班的小骆同学，一个平时非常害羞而含蓄的小男生，白白净净。我快步过去，他连忙向里挪一挪，为我腾出了一个位置。他的旁边是个小姑娘，看起来也像一年级孩子，朝我看几眼。

"早饭是馒头呀？吃几个呢？"我看着小骆手里的半个馒头，微笑着问。

"吃一个。够了，多了吃不下。"小骆同学可比平时会讲了。

"噢，早餐要多吃点，男子汉吃强壮点。"小骆同学点点头。

过一会儿，他歪过头，看着我笑着说："楼老师，我是 O 型血。"

我表示认同地点点头，笑看他，等着他继续说。

"昨天晚上我可被蚊子咬了，手上好几个斑点。"

"是呀，是呀，蚊子最喜欢 O 型血。"我哈哈大笑。

旁边的小姑娘也听得神往，笑个不停。我朝她也看了两眼，她欲言又止。

做教育的明白人
ZUO JIAOYU DE MINGBAIREN

"楼老师，今天早上我也遇到了很好笑的事情。"终于，小姑娘也按捺不住凑过头来说。

"是什么？"我表示出莫大的兴趣。

"我走出门时，居然踩死了一只摔在地上的蜜蜂。"

"那可危险啊，幸亏它没来蜇你。"我和小骆都笑了，小姑娘也吐吐舌头。有一种奇异的感觉弥漫在我们之间。

几分钟的路程很短，到钟楼下，我们下车了。两个孩子朝我回眸一眼，蹦跳着向前走去，脸上的微笑像怒放的栀子花和月季花。

生命都盼着绽放，哪怕只是小小的一刻，哪怕只是几句自由的表达，哪怕只是对着一个愿意说的人说几句真话。

辑一
爱需要学习

抱抱我吧

好友和我一起走路，向我分享她拥抱生病的老爸的经历。

她老爸出院之后在家里休养，但心态一直不太好。好友分析了老爸的成长历程，发现他小时候是被父母忽视的，内心情感非常匮乏，平时表现出来也是指责、抱怨比较多，与尚在世的母亲（好友的奶奶）关系也一直不太好。

好友很想抱抱自己的老爸，她觉得他的内心是渴望关心、渴望爱的。

虽然与父母拥抱，会有点违和，我们的文化、我们的习惯，都约束我们成了内敛、不善于表达感情的人，特别是和自己年老的父母表达真情，仿佛难以启齿，浑身不自在。

但她还是要试试，看看能不能给老爸带来好感觉。前段时间有一个周末，她回家的时候，故意大声地说，爸，今天你做孩子，我来抱抱你。她一把就抱住了措手不及的老爸，拍着他的后背，说几句亲热的话语，不仅老爸热泪盈眶，旁边的老妈也一边笑一边却掉泪了。同样，好友抱了老妈，悄悄安慰妈妈，一路无私地照顾老爸，真的辛苦了。妈妈也是泣不成声。然后，第二周，好友和弟弟一起回家，也怂恿弟弟去拥抱老爸，去给予能量，同样，老爸又是感动得流泪。那两周，她爸爸的心情特别好，在电话里明显能感觉到他的欢快和喜悦，与之前的状态截然不同。

拥抱的力量如此神奇！

语言上我们可以去表达爱，可是更直接的是肢体语言，马上就能带动爱的流动，让人得到心灵的慰藉。

因为一个热烈真诚的拥抱，马上就呈现了一个"事实"——我看见了你，我

做教育的明白人
ZUO JIAOYU DE MINGBAIREN

在乎着你。事实面前，铁证如山，让人心服口服。

因为拥抱，让我们仿佛回到小时候妈妈的怀抱，人的"内在小孩"得到了抚慰，得到了爱的滋润，人就踏实、安定下来。你没看见吗，小孩子哭着喊着叫妈妈，妈妈一回来，抱起他，拍拍他，孩子就停止了哭泣，乖乖趴在妈妈肩头，含泪露出了微笑。

在你我成人的身体里，还存留着一个童稚的"内在小孩"，有着脆弱的特质和被关注的需要，在我们的内心形成一个被隐藏的敏感脆弱空间。它是在我们成长的过程中不能得到满足和安慰，被伤害被遗弃的自我。成年后一旦遇到挫折，内心很容易就会被它接管，沉浸于痛苦中，造成我们在关系中的挣扎和受苦。

让我们多抱抱自己的孩子吧。直接用真诚的拥抱表达我们的爱，抚慰他们的内在小孩，给足关注和心灵满足，让他们长大了可以少受内在小孩的困扰。

让我们也多抱抱我们所爱的人吧。就像我的好友，对父亲所付诸的拥抱实践，让父亲有了良好的感觉。在聆听她的诉说中，我看见了她的努力和付出。我心中一动说，让我抱抱你吧。当我紧紧抱着她，拍着她的背，她突然抽泣起来，我的泪也夺眶而出，我们仿佛都被滋养到了，突然间如释重负。

让我们也多抱抱自己吧。拥抱那个蜷缩在心灵角落里的内在孩子，安慰他那曾经或者现在没有人真正看重，费尽吃奶的劲都没有得到爱和看顾的心灵。爱护自己，是我们能给予内在小孩最好的呵护和照管。

同时，身为女教师，让我们多抱抱低年级的学生吧。他们多么需要我们的爱和看见，多么需要老师给予像妈妈一样的怀抱。

我与一年级孩子在德法课堂上约定，因作业、纪律、回答、助人而精彩的，可以得到五角星，15颗五角星可以抽签，抽到零食或其他；20颗五角星可以和老师玩，我会抱他们，背着他们串门几个教室。我发现，他们喜欢抽签，但好像对跟老师玩兴趣更大。一旦到20颗五角星，就兴奋地叫个不停。有个小男生，当我背着他，在走廊上转几圈，从一个教室走到另一个教室，后面的同学簇拥着欢呼着，他紧紧地趴在我的肩上，开心地哈哈笑。第二天，他跟我说，楼老师，昨天你背着我，我真的太开心了！可见，一则是荣耀；二则是肢体语言中老师表达出来的爱，学生收到了。

期末临近，对于成绩落后、情绪低落、状态低迷的学生，我们多给一点关注吧，少点说教，少点指责，偶尔，不如直接给个拥抱吧。

辑一
爱需要学习

我们憧憬怎样的教室

开学头一个月，基本上每个学校都会做一件事，就是组织班主任进行教室布置，把教室营造成充满爱的家园。

海小也不例外，在各班班主任的带领下，学生充分发挥积极性和主动性，为班级美化出谋献策。经过师生的精心策划和布置，各班的教室整齐美观而且各具特色。许多教室布置的显性物质文化与班级隐性的文化结合，比如有的班级制度上墙，外显制度文化；有的班级设置了表彰墙和目标栏，外显精神文化；有的班级积极打造书香班级，精心设计了图书角；有的班级营造家的氛围，巧妙布置绿化角，活力而温馨。

让干净的教室成为灵魂的样子

有位教育家说过，一个干净整齐的教室，也将成为学生灵魂的样子。作为一名有良知有预见性的教师，怎么会让学生的第二个家——教室，显示出脏乱差的样子，从而让身在其中、受潜移默化影响的孩子的灵魂蒙上污渍呢？

传说纽约有个地区犯罪率特别高，而且这个地方的卫生相当不好，新上任的长官就先从治理环境卫生开始，让整个地区呈现干净整洁的面貌，卫生状况改观了，一段时间后，这个地区的治安情况也大为好转。

放眼望去，窗明几净，井然有序。在这样的教室里学习的孩子，是否特别安心，也特别注重自己的言行呢？

每一天，都让学生把教室打扫得一尘不染，把桌子、抽屉收拾得井井有条。

每一个打扫、整理的行为，都是在为灵魂清扫，都是意义深远的教育行为。因为我们希望孩子长大后，他也会定期整理，及时断舍离，提高效率；定时打扫心灵，反思不良言行，精进自己；也能学会时间管理进而自我管理，做生活的主人；对脏污的行为容忍度低，尽最大可能接近真善美。

每一处墙壁都会说话

不同的教室有不同的生动景观。板报的设计和制作，墙面的利用和创造，角落的规划和布置，都彰显出教师的教育理念。

有些板报，尽可能多地创设了学生展示的平台；有些墙壁，天天告诉着孩子的品德修养和学习品质；有些教室，几个柜子上全是整齐的书，书的品种相当丰富，让孩子浸染着书香，在含英咀华中成长；有些墙角和走廊，都是绿植，让孩子学着照顾，学会责任；有的墙上，贴着创意的奖励办法；有的班主任，有意拓出一块墙，贴上不干胶，让孩子随时展示自己的各科得意作品，让每个孩子都不被忽视……

细节中的温暖情怀

512班把学生吃过的布丁盒子收集起来，穿上绳子，种上绿植，成就了绿色的走廊；302班窗口的柜子长出一截，靠不了窗，留下20厘米宽的一条沟，窗台上东西易落，灰尘垃圾掉到沟里也难清理，班主任发动家长，量身定制了一块不锈钢板，板上可以安全地放茶杯了；410、411班，考虑到学生用板擦擦黑板上方够不到，用一把小拖把拖黑板，就解决后顾之忧了；210、507班，为了培养学生的审美也是煞费苦心，连时间表、课表都是美化后打印出来的；101班，为了督促孩子们在秋天多喝水，用一张喝水量上墙表，可视到孩子们一天的喝水情况，无须多说教，直接做出来；505班，把班级里参加射击和击剑同学的培训时间打印出来，贴在墙上，就避免遗漏或忘记了；512、510的创意奖励以人为本，深得民心；107班，连每天每节课的提醒贴也做成大大的、别致的，让学生看得清……

心中有学生，才处处有关怀；心中有学生，才细节见真情。

辑一
爱需要学习

能不能看见更多的人

学校的任务是教书育人、服务育人、环境育人、制度育人、管理育人，所有的工作都指向"人"。班级也是一样的。

于漪老师说，我们真的要有全面培养的观念。你心中有学生，你就知道每个学生都是独一无二的生命体。教育特别是基础教育是滴灌生命之魂，是给人打基础的。生命之魂是什么？一个是德性，一个是智性，而且就是靠平时的耳濡目染、潜移默化。撒播做人的良知，讲大道理没有用。精神世界建设靠水滴石穿一点点建设，真的是春风化雨，润物无声。

教室里，除了净化美化，除了张贴规章制度、评比竞赛、雏鹰争章、课外知识、学生风采等以外，怎样让教室更有人文味，看见每一个孩子，让每一个孩子拥有存在感、获得感、安全感？是不是可以更有个性，更有创意，更关注到孩子的品性培养，更呵护到学生的美好心灵？

比如，我们的教室，是否可以成为"每个人"的教室？我型我秀的不仅仅是优秀孩子的作品或风采，是否可以让每个孩子都能找到展示的空间，随时可以把自己的进步作品张贴上去，因为，"进步就是优秀"，从这个教室里，一点点汲取自信的力量和团队的支持。

比如，我们的教室，是否可以是学科综合的教室？让主要学科，还有德法、音乐、美术、体育等教师都有英雄用武之地。每门学科都名正言顺地拥有了自己的"特区"，这个教室就是显性的合作的教室、整合的教室，也是每一天都在无声告诉学生要全面发展的教室。

比如，我们的教室，是否可以成为有"爱的能量"流动的教室？很多高中、大学老师都在感叹现在有些孩子从小都是好学生、乖孩子，但是他们不知道为什么活下去，不知道活着的价值和意义是什么，他们得了"空心病"。那我们可不可以，不仅让学生从小知道读书考高分，更引导他们拥有发现美的眼睛，去感悟每一天的美好生活？那，教室里就可以自然而然地设置"优点轰炸箱""品格积攒杯""每天好风景园地""小精灵表扬栏"等。

比如，我们的教室，是否可以是心灵关怀胜过分数关怀的教室？有一本书叫《解忧杂货店》，写下烦恼投在老爷爷门前的杂货铺里，第二天就会在门口的牛奶箱里得到答案。教室里是否可以有一个"解忧杂货篮"？孩子们可以写下烦恼，

做教育的明白人
ZUO JIAOYU DE MINGBAIREN

老师可以了解到学生更多的内心世界。或者，在黑板旁边留出一块小空间，粘贴红、黄、蓝三色不干胶，名为"心情的颜色"，学生将写有自己名字的磁钉或贴纸放在相应色块即可，红色表示开心，黄色表示一般，蓝色表示烦闷。于是，学生的心情大家都"看"得见，以便老师和同学可以及时关心和帮助。

比如，我们的教室，是否可以是随时分享阅读心得的教室？你有一个苹果，我有一个苹果，互相交换之后，我们每个人手上还是一个苹果。可是，如果你有一个思想，我有一个思想，互相交换之后，我们每个人就拥有了两个思想。"阅读分享墙"，强调的就是思想的分享和收获。

比如，我们的教室，是否可以是分享问题、启迪思维的教室？无论语文的，数学的，天文地理的，课内解决不了的，课外看到的，都可以张贴出来，课余时大家一起在"问题分享墙"边，互相启发，头脑风暴，寻找智慧。

……

或者还有更多的好创意，只要你愿意去思考；或许，有些也只能停留在想象，可是没有想象，连行动的可能也没有。

我们的教育走着走着，总会有点毛病，就是不自觉停留在浅层次的、功利的教育价值观上，人还应该有一种心灵的富有。人生只有单程票，是不可以回头的。因此，每一站、每一段都要及时进行教育，我们要对孩子的生命负责，就是要他们身心健康发展。在增长知识、增长能力的同时，要越来越懂得做人的道理，心灵越来越丰富，情感世界也越来越丰富。

有智慧的教师，会在看见每一个孩子、丰富学生心灵上下些功夫。教室也是一个载体。

辑二：教育循道

　　教育要遵循规律，学习应讲究方法。如何激发孩子的学习兴趣，开发孩子的学习潜能，培养孩子的学习能力，包括孩子的学习动力、创新思维、同伴合作、独立思考及解决问题的能力等，需要教师与家长认真思考与反思，不断学习与研究，讲究教育方法与艺术，提高教育效果。

循道而行

尚高楼旁的玉兰花高高的树干，光秃秃的枝条，在风中默默伫立。走近一看，枝条上绽满了一个个花苞，噢，一月底了，当二、三月份来临，玉兰花就要绽放身姿，为春天呈上美的芳华。

这是大自然的"道"，是规律。这个时节，玉兰花就要做这件事。没什么可以阻挡，没有谁能主宰和干扰。一切依道而行。

一年级"萌牛迎新勇闯关，趣学乐考 HIGH 起来"活动拉开了帷幕。小朋友排着队，带着头饰，依次进入十个乐考场馆。放眼过去，一个个笑逐颜开，丝毫不觉得考查语文、数学、英语、音乐、体育、美术、科学各学科中学到的知识和本领是件枯燥乏味的事。

在"热热闹闹备年货"的场馆，老师们是怎么考查孩子们读拼音、识汉字的呢？瞧，整个教室被布置得喜气洋洋，张灯结彩、气球高悬，充满了"年"的气氛。孩子们拎着年货篮来了，往篮子里装什么呢，噢，先从老师手里选"年货"吧，并且大声读出来。糖果、腊肉、核桃……好丰富啊。

在数学场馆，为了认识图形，"小萌牛"们还可以拼乐高呢；在音乐场馆，孩子们自己选择乐器，演奏《过新年》，敲敲打打，唱唱跳跳，乐不可支。

这样的考试，孩子满心欢喜。因为遵循了学生的年龄特点，符合他们喜欢形象、生动、有趣味、有意思的活动的心理需求。

依道而行，寓教于乐，寓考于乐。

如果说对低年级小学生要形象教学，那对于初高生呢，是不是要更多地激发自主教育？

做教育的明白人
ZUO JIAOYU DE MINGBAIREN

有高中孩子犯了错，比如就寝时深夜谈天，Y 老师把学生叫过来，说，训斥如果有用，你就不会犯错了，道理你都懂，我也不多说了。我们先着重讨论你犯错的原因，你真实地说说你的想法吧。孩子看气氛宽松，就愿吐露真言，比如，成绩上不去，心理压力大；好长时间不放假了，心里憋得难受。这就是冰山下孩子的感受、需求。Y 老师接下去抛的问题是，你觉得之后怎么做比较好？孩子也许自己会意识到这样做不妥当，是违反校纪校规，也会跟老师讲讲接下来他的承诺。

当学生犯了错，我们一顿当头棒喝或一通长篇大论，这一定有用吗？对于已经能识别道理的青春期孩子，德育的"道"是什么呢？是相信，是尊重，是一起剖析原因、寻找对策，是看见孩子的内在需求，激发他们自主教育的意识。

同事作为一名体育老师，她上室内课，走进教室第一件事是让孩子对齐课桌，整理好桌面和抽屉。期末大家忙于复习，她就更重视这项工作。这是体育学科的课堂要求吗？好像不是。

但这是体育老师应该有的课堂要求吗？可以是，而且不仅是有育人意识的体育老师，其他所有学科的教师都应该如此。

全民德育，全科德育，德育需要每一位老师、每一位教育人共同来推进，而不仅仅是班主任和德育干部的事。

教育是系统工程，是一个整体。它不是水果拼盘，多谁也可，少谁也没事；它就像一锅汤，是融合，汤的鲜美，是汤里的每一份食材、调料，都铆足了劲来奉献。

德育就在每一位育人者的行为里。这是育人的"道"。

临近期末，老师们肯定要认真整理知识，组织学生复习。小学生复习几日，有惰性是必然的，教师看到学生的基础差，急于改变，又见学生不急不躁，很难气定神闲。于是，说教、责备、题海战出来了，学生就开始厌烦了，更难静心了。于是，有的老师就取消了大部分活动，抽紧了课余时间，想让学生更用功些，进一步投入学习中。于是，学生大量的精力不能释放，坐立不安，学习状态和效果就较差。

丰子恺先生曾做过一个精妙的比喻："由儿童变为成人，就好比青虫变为蝴蝶。青虫的生活和蝴蝶是大不相同的。对待孩子，且不可在青虫身上装上翅膀，教他同蝴蝶一起飞翔；而应是蝴蝶收起翅膀，同青虫一起爬行。"教师的同理心、对孩子的理解度在教育中至关重要。

辑二
教育循道

期末阶段，复习难免枯燥，后进生难免受到过多的冲击，成功的快乐或许不多。如苏霍姆林斯基所说："在儿童的内心深处，都有一种根深蒂固的需求，就是希望自己是个发现者、探究者和成功者。"有经验的老师，仍旧会举行一些活动，比如，适时打打篮球，搞搞游戏，来点竞赛，减少学生的负面情绪，让各类学生有展示自己的机会，获得成功的喜悦，教师的教育影响就会对学生更有说服力。学生劳逸结合，能量转移，班级太平，班级和学校系统良性运转。关键是大家身心喜悦，状态良好，不会厌学，才有可持续性发展的希望，学习的主体才会健康成长。

这是道吗？自然是的，它符合了学生的认知特点和心理特点。

大道至简，循道而行，走合适之路，行正确之事。

你是"夸夸群"群主吗

情商高的老师，一进教室，放眼一望，立马张口夸人了。

——今天的教室窗明几净，地上一尘不染，值日生们都是好样的！

——作业本整齐地放在讲台桌上了，大家对自己很用心，课代表很负责，真棒！

——每个同学神采奕奕，眼神亮晶晶，看来这节课一定能上得高效！

三句话，全班同学都被表扬到了，每个孩子都接收到了老师给出的正能量。

赞扬是一种提升能量的行为，而抱怨和指责是一种拉低能量的行为。对于真诚的表扬，谁听了都会开心。会真诚夸人的老师，特别受学生的欢迎，也会特别有威信。

说说小孟的例子。

小孟是个聪明漂亮可爱的小姑娘，文文静静的，上课不多言语，不太爱举手，虽然坐在第一排，从来不争抢机会。

有时我看她没举手，也会叫她，若她想好了，会慢条斯理地回答；没想好，她就沉静地站着，我便若无其事让她坐下。

看她总是淡淡的样子，某一天，我在课堂上有意"为"了一个举动。说到一个小话题，我故意大声说，请小孟同学站起来，大家说说她的优点。举手的人不多，我特地先带了个头说，小孟同学上课很守纪律，不干扰同桌。看谁有火眼金睛，能发现小孟更多的优点。

——她很聪明。

——她做题目经常是对的。

辑二
教育循道

——她会借我东西。

——她穿的衣服很好看,很整洁。

……

大家争先恐后挖掘她的优点。

只见站着的小孟,脸红红的,笑容像花一样绽放着,拼命想收敛些,却怎么也藏不住喜悦。

那节课的后半段,她突然之间活跃起来,举手的次数明显增多。后来的几节课,她也积极多了。

期末,她妈妈找我聊家庭教育,我提醒妈妈家里要多鼓励她,我突然间记起了这件事。

妈妈说小孟那一天晚上就很兴奋地告诉她了。过了些日子还说,妈妈,我突然发现,我们班的小朋友越来越可爱了,我也越来越开心了。

被老师夸,被同学夸,于是,老师和同学在她眼里,也可爱多了。文静的孩子,人际交往的积极性也高起来。

看,会夸人,莫名就收获了人心。你愿意做"夸夸群"群主吗?当然,前提是真诚的,心口如一的。

侄子期末的语文成绩不理想,妹妹很关心他,特地把侄子带到她家,花时间给他开开小灶。妹妹是个会夸人的好老师。侄子题目做得认真有进步,妹妹就郑重夸他,还打电话告诉他父母,说他表现很好,学习很用心。并且在亲人群里晒出照片,对孩子当日的表现充分肯定。孩子就很自豪,他父母也很开心,能量在一家子之间流淌。孩子也很听妹妹的话,妹妹要他早点睡,免得学习时打哈欠,孩子本来晚上看课外书不到10点不睡,那两天乖乖早睡了,他怕阿姨批评。

当你尝到过某个人表扬的甜头,你就不太喜欢被这个人批评。

你看,孩子喜欢怎样的人?孩子喜欢喜欢他们的人,喜欢鼓励他们的人。这样的人,在他们心中才有威信,他们愿意为这样的人去改变自己。

直击灵魂的赞扬,真的是让人如栉春风,如沐春雨。带去的力量,可能是震撼人心的。

你还不愿意做"夸夸群"群主吗?

对表现不太好的孩子,更是要往死里夸。他上课坐不住,下课爱吵闹,作业随便做,分数不在乎。如果你还是批评、纠错,他已是见怪不怪,本来就是这样

做教育的明白人
ZUO JIAOYU DE MINGBAIREN

嘛，我反正就是不好的，有什么稀奇，你就尽管批评吧，我死猪不怕开水烫。看，认知特别协调，根本没有改变的动力。

可是，如果你揪住个小优点、小改变就大张旗鼓表扬，弄得人尽皆知，你持续地贴正面标签，他就持续地内心不安，一种新认知——"我可能就是好的"悄悄在心头燃起。因为他原来对自我的认知是"我反正不爱读书，成绩也不好"，可是现在老师不停地说他开始认真了，作业有进步了，字也好多了，小动作也少了，一不小心还做出了很多同学答不出的题，于是他也信以为真了。如果继续表现不良好，认知就不协调（我应该是好的，可我表现却不够好），内心就不安，这才有改变的动力啊。

所以，为了孩子的改变和成长，你还是得学会做"夸夸群"群主。

辑二
教育循道

你的孩子有效率意识吗

一名高中男生因期末成绩不理想,而妈妈批评他不够用功时,他向妈妈抗议说:"你从小对我过度强调勤奋,已压制我的聪明才智了。每次我遇到问题,第一步总是会想多花时间,但实际上有些问题不是光花时间就能解决的。"

勤奋学习肯定是没有错的,可学习还有方法。求知学习上,我们用两条腿走路,一条腿是适合自己的方法,一条腿是勤学苦练,又用功又有方法,那就能走得又快又稳。

你看,有些孩子,他上课时听得专注,人聪明,方法对路,所以成绩八九不离十,班里随随便便就捞个前二十,但让他更进一步就困难了,因为他多余的时间全用来玩耍了,不肯投入时间多用功。

有些孩子呢,整天埋头做题、背单词,深更半夜才肯合上书本,可谓卧薪尝胆,可成绩却依然不尽如人意。

这两类孩子,都是一条腿好使,一条腿薄弱些,自然走不快。当然,还有一部分孩子,是既没有窍门,也不肯花时间,两条腿都不行,就别说快走了,连正常的站都成了问题。

让父母去教孩子学习的方法,恰当引导他们的效率意识,对很多父母来说,是有挑战的,但不是不可以作为。与老师联合起来,从小就引领孩子既要刻苦学习,又要讲究学习方法,提高学习效率,早早渗透孩子用两条腿走路的思想,孩子是不是可以走得更为稳健甚至轻松一些?

那师长们可以怎么做呢?

做教育的明白人

时间管理

所谓效率，就是单位时间的产出。良好的时间管理自然是提升效率的基础。

时间管理上，一是珍惜时间。师长要不断指引孩子上课用心听讲，课前认真预习，课后及时复习，做作业抓紧时间，考试争分夺秒。有经验的班主任会根据每天的作业量，框定一个大致的作业时长，然后经常通过家长的反馈获取信息，了解孩子的作业效率；或不定期抽查学生的作业总时间来掌握学生的作业速度和惜时情况，便于个别谈话和指导。

二是合理安排时间。重要事情首先做，清醒时刻快速做，小事杂事统筹做，都是合理安排时间的表现。师长可以引导孩子，观察自己一天中效率最高的时间段，用来做写作、解答难题等事情；精神状态不好时，就需要赶紧休息，补充能量，不要熬夜折腾。

每天的早自习，是记忆力最好的时候，要认真地背书、记单词，老师适时验收反馈，让孩子清晰地认识到自己的效率情况。当然，老师要关注到个别差异，及时鼓励。

另外，要告诉孩子，时间管理上，紧急、重要的事，比如听讲、做作业等，还有不紧急但很重要的事，比如阅读好书等，是必须优先安排的。不紧急不重要的事，不要去干扰重要时段。比如，早自习背书时，不要去整理书包，课间或休息时再做；上课时不要去削不用的铅笔，把它放在课间或晚上去做。

班主任还可以在班级评级体系里加上"用功之星""惜时之星"等评比，作为方向的引领。

琢磨方法

从小学开始，老师无论是教语文还是数学，或是其他学科，都需要注重方法的渗透和引导。如读记的内容，也不仅仅由着孩子死记硬背，要能经常提问孩子用了什么好的记忆方法，提高了记忆的速度。慢慢地，也可以教孩子一边理解一边识记，或者画思维导图进行记忆。好的方法，可以在班级里推广运用。

阅读答题，有经验的老师也会教给孩子阅读分析和完整答题的方法；写作，当然有方法可循；积累词句，也是有窍门的；数学，自然更是如此。甚至在平常的做人处事中，师长也可以教给孩子方法，以更好更快地解决问题，比如情绪冷

辑二
教育循道

静的方法、交友的方法、请教别人的方法、与人沟通的方法等。团队活动时，怎样把事情做得多快好省，也要集思广益，让孩子们充分地想办法、找思路，提高效率。

成本分析

老师可以引导孩子、家长关注成本。比如，孩子做作业磨洋工，半小时的作业量投入两个小时才完成，就是成本太高，把本来属于阅读、锻炼的时间都挤占了，就需要关注，借优化习惯来提高效率。

试卷的成绩分析，也要进行成本评估，投入多少时间，产出多少效益。如果投入时间不多，时间利用率也不高，产出不理想是肯定的；如果时间投入太多，才得到几分的进步，甚至是牺牲休息、睡眠的时间为代价的，那就需要协同家长、孩子，在提高单位时间的利用率上下功夫。

当然，个体不一样，有些孩子接受力、学习力相对较差，就需要投入更多的时间，以得到一些收获，这个也需要师长因人而异地对待。

同时老师也要自我反思，有成本意识，保持一定的警醒，若整班成绩不甚理想，是不是时间、精力、脑力投入太少，导致收成太低，天上掉不下馅饼，规律不可能靠侥幸来打破；若是学生们成绩普遍领先，是注重教学方法的优化、提高单位时间的效益来提升的，还是单纯靠时间的投入、日光加灯光的刷题、挤掉学生其他素质的训练时间获得的？

师长从小引导孩子有成本意识，孩子们才会在方法上多下功夫，才会有独立思考、开拓创新的可能，以后工作就不会只是因循守旧、按部就班，办企业就不会稀里糊涂贪多求全，当干部就不会只想到政绩而不顾其他，成家立业后就不会只顾赚钱而忽略家庭、忽视孩子。

来点效率意识，为孩子的未来多铺一块砖吧。

做教育的明白人
ZUO JIAOYU DE MINGBAIREN

透视到孩子的内心需求

最近翻看《三十六计》，里面讲的基本是兵法，比如"无中生有"一计，真真假假、虚虚实实、虚实互变、扰乱敌人。使用此计，必须考虑到，若敌方指挥官性格多疑、过于谨慎的，则特别有效。

你看，知己知彼，方能百战不殆。

我不禁想到，在教育孩子中，和孩子斗智斗勇，也得运用兵法思维，知己知彼，方能对症下药，教育得方。

知彼知什么呢？知彼即懂得孩子的年龄特点、心理特点、成长规律、性格特征、家庭教养模式等。

高明的老师在教育孩子时能透过孩子的行为模式、应对方式，摸准孩子的内心需求，然后又稳又准地施加教育影响，关键是，老师自己笃定坦然，不会捉急。

因为不了解对方的需求，说的话就很难到对方的心坎里，语言教育的效果就会打折扣，更重要的是孩子觉得老师根本不理解自己，接受教育就容易阳奉阴违。

作为老师或家长，需要通过孩子平时的语言、行为，来试着解读孩子的内心需求。

一名一年级孩子，上课总是把手举得高高的，嘴里不停地叫着"我我我"，下课就跑到老师身边，告小朋友的状，"老师，××推了我一下""老师，××拿了我的书"。老师你不胜其烦，觉得这样的孩子不守规则，不讨人喜欢。因为你的观点是小孩子应该听话懂事些，你希望孩子在你的批评教育下能安分守己，让班级的氛围更好，你的教育更轻松。

这是你的需求，那孩子的需求是什么？

辑二
教育循道

也许他想求得关注，他特别没有安全感，他的认知就是我应该得到老师经常性的关注，他想突出自己，期待大家都能以他为中心。

当他有好的表现时，也许受到的关注不是很多；当他出格一点时，老师家长反而整天围着他转，看见他，指责他，他反而受到了强关注。

如果平时也能温和地看到他，营造机会让他有合理的动起来的时间，夸夸他和同学友好交往的细节，他可能就会安心一些，然后安静下来。

具体他是怎么形成这样的心理和性格的，就需要好好研究一下他的家庭和从小的养育方式了。

一名六年级学生，上课偷偷从书桌里拿出面包啃了几口，被老师发现，老师批评他还不服气，顶撞老师。

试着解读一下他行为下面不可观察到的内心"冰山"部分。

感受层次：也许他感觉到课堂无趣无聊还有点烦躁。

观点层次：也许肚子又饿了，上课吃点东西跟内急上洗手间一样可以原谅，不是什么大事。

期待层次：期待老师的课更为精彩，期待老师的理解和原谅。

渴望层次：渴望安全感，渴望关注，渴望得到爱。

你如果这样去解读孩子的心理和需求，也许会更心平气和一些。

一名高三女生，高考成绩查分后，哭了一夜，只说考砸了，一段线没上，分数死活不肯告诉老师和父母。

先了解一下背景，这名女孩成绩一贯优秀，老师亲戚朋友都对她期望很高。父母都是农民，平时对她学习、生活不够关心，只关心分数，现在结果不理想，女孩就要独自承受一切。

我们来试着了解她行为后面观察不到的感受和需求。

感受层次：非常失望，也很焦虑，对周围人的询问感到烦躁、害怕，对未来充满恐惧。

观点层次：自己成绩一向优秀，应该是要考好的，现在考砸了，感觉天塌了，没脸见人了。

期待层次：期待大家不要问，期待父母不要失望，不要指责，想一个人静静。

渴望层次：渴望安全感，渴望理解和支持，渴望得到爱。

如果你能共情到孩子，你就舍不得去责怪她、埋怨她，因为她已经很不好受

做教育的明白人
ZUO JIAOYU DE MINGBAIREN

了。十年寒窗，这样的结果让她难以面对和承受。

如果你能透视到孩子内心，读懂孩子，那么，作为家长、老师、朋友、亲人，就愿意真诚地去安慰她，去平静地引导她接受现实；去鼓励她上天关了一扇门，一定会开一扇窗；高考只是分数，志愿才更影响未来，填好志愿，照样可以有转机；人生的路很长，一个分数决定不了最终的成功和幸福。

师长知己知彼，是为了更好地理解孩子，读懂孩子的心，让孩子感受到爱和无条件的支持，也为更好地引领和教育孩子打好基础。

辑二
教育循道

从室友"失踪"说到换位思考能力的培养

我们的孩子有换位思考的能力吗？说实在的，很多老师、家长都说现在的孩子以自我为中心，不太会为别人着想。

那我们先说说，换位思考有多重要。

记忆很深的一件事。前年我去外地培训，安顿好房间后又进来一位年轻女教师，是被培训组安排与我同住一室的。聊了几句，我得知她毕业两三年，教小学高段语文，她还拿出一叠作文本，说晚上要改作文，看得出是个很用心、负责任的老师。

我问她有没有同事一起过来，她的回答在我听来是没有，因此和我同房间。

晚饭后我在外面走了会路回到房间，室友在打电话，穿着睡衣。我就和她示意一下洗澡了。等我洗漱完毕走出卫生间，发现室友不见了，作文本放在床头，手机也在床上。我猜她也许是出去买点东西吧，就顾自己在电脑前整理资料。一个小时过去了，室友还没回来。我开始疑惑，她会去哪里呢？再说穿着睡衣，手机也在床上，说明离得不远，可明明没有熟悉的人，又能去哪里呢？一个半小时过去了，她还没回来，我根本没有做事的心思了。怎么办呢？也联系不到她，而且我还不知道她的名字。但我马上想到了，培训报到后，班主任建了个群，已经有人进群了，我又从作文本上翻到了她的名字（幸亏有一两个小朋友在"教师"栏里大胆写了名字，而不是只写×老师），于是我就在培训群里试着寻人：如果有人看到×××老师，请告知她同室的老师在找她。

没一会儿，室友回来了，说是在楼上房间，两个同事那里聊天去了。我这才知道刚才我听错了，她是有同事一起来的。虚惊一场。

做教育的明白人

事后,我不免觉得室友的换位思考能力稍显不够。出去时,好歹也和我说一声或留个便条呀。有缘同室,从安全的角度着想,自然也会多一层牵挂。

第二个案例,有个男孩子,年近三十,尚且单身,和老板一言不合,说辞职就辞了,关键是退路没想好,下家没找好,于是,依照今年这样紧张的就业形势,一时半会儿找不好工作实属正常,便天天在家里睡懒觉。母亲刚大病初愈,看儿子一没工作,二没成家,急得晚上睡不着觉。

这样的孩子,有换位思考的能力吗？估计不强。

如果能换位思考,就会好好工作,不意气用事,让父母放心；哪怕实在不开心辞职了,也能马上重整旗鼓,让父母看到希望；或者和父母好好沟通,说明心意和目标,让父母安心。

这是个别现象吗？也许不是。

有几个在单位当主要领导的朋友,说到现在的年轻人,基本会提到一点：比较有个性,关注自己多,不太考虑别人的想法。

第三个案例,学校青春期讲座时,最后一个环节安排让学生提出疑问,不少孩子说到了同一个困惑,那就是觉得父母不理解自己。

也许,现在的父母确实不太理解00后的孩子,跟不上他们的思路。但孩子理解过家长吗？他们知道父母言行后面的感受和需求吗？没人教过他们。

如果孩子从小习得换位思考的能力,学会将心比心,提高情商,长大后必然会将各种关系处理得更妥善,比如亲密关系、亲子关系、同事关系、上下级关系等。沟通顺畅,各类矛盾减少,生活一定会更加幸福。

那我们老师或家长可以为孩子日后这重要的能力做怎样的铺垫和培养呢？在此支上几招。

正向强化

正向强化,就是用火眼金睛观察到孩子善解人意的表现,及时放大,及时贴上标签,鼓励到当事人,也给其他的孩子以正面的引导。

例一：孩子推门进教室,后面一人紧跟而来,前一个孩子轻轻地扶住了门,生怕夹到后面的同学。亮眼睛的老师看到了,马上大张旗鼓地表扬前一个同学：孩子,你怕夹到别人,做出扶门举动,非常绅士,会为别人考虑,这就是换位思考。

辑二
教育循道

例二：上课时，窗户开着，外面的风有点冷，有个同学打了几个喷嚏，离窗不远的男生忙过去关上了窗户。老师马上给男生竖竖大拇指，夸道：你考虑到有同学可能吹了冷风会受寒，赶紧关上了窗子，会感同身受替别人考虑，这就是换位思考。

老师不断发现，并引导学生去发现，大家就会把换位思考作为一种好的品德发散开来，并以此为荣，慢慢地，做得好的更为发扬光大；做得不好的，也会被渐渐带领。

体察感受

体察自己的感受，是引导孩子说出自己的心情、感觉、想法；体察别人的感受，是引导孩子去感受别人的感受。理性的、乐天的孩子，相对来说，他们的同理心可能会弱一点。

比如孩子摔了一跤，皱着眉头、痛苦的样子，确定没大碍后，问问孩子，你现在是什么感觉？最需要什么？也问问别的同学，你们觉得摔跤了会是什么感受？最希望别人怎么对待或帮助？

比如孩子取得了进步，问问他，此时你是什么心情？最希望朋友们怎么对待你？孩子也许会说，非常开心，很想第一时间和好朋友分享，希望大家能祝福自己，给自己鼓掌。再问问其他同学，同伴进步了，你觉得他最需要什么？你会怎么做？

比如，妈妈今天回家时脸色不太好，你觉得她可能遇到了什么，心情是怎么样的？你如果是她，希望自己的孩子是怎样的表现？孩子也许会说个八九不离十。

再来看一个镜头：

妈妈：你已够高了，不要去打篮球了，都受伤几次了？为什么这么不听话呢？跟你同学说，尽量少来叫你。

孩子一般都会很生气，认为母亲不理解自己，想干涉自己的爱好，反而就想和母亲对着干。

老师问，从妈妈这句话里，你能听出些什么，妈妈真的是为反对而反对吗？

有的孩子会说，妈妈有点担心，怕孩子受伤。

有的说，妈妈有点心痛，孩子毕竟伤过好几次了。

有的说，妈妈有点害怕，怕孩子伤得更严重。

做教育的明白人

老师说，是啊，你理解妈妈的内心感受，就会理解妈妈的心。唠叨的背后，是爱，是关心，是恐惧啊。

这样的引导，就是在不断增强孩子的同理心。

情境表演

亲子矛盾、同学矛盾可以让孩子演出来，当局者迷，旁观者清，一呈现出来，孩子基本能够自悟了。

因为孩子本来是站在第一位置即当事人位置的，易偏执；如果你让他演矛盾的对方，他就站在了第二位置即他人位置上，可以去体会对方的想法、感受；如果让别人演自己的故事，孩子就站到了第三位置即观察者的位置，他就学会清醒、客观地看待问题，学会用中正的立场。

这里可以举的例子会有很多，老师和家长们一定会八仙过海，各显神通。

走笔至此，很想强调一句，之所以说小学老师是灵魂的工程师，重要的作用也表现于此，因为在小学阶段，老师是孩子的重要他人，老师很有权威性，学生心向着老师，行为愿意模仿老师，精神愿意被老师感召，老师就对孩子的品德起到很强的塑造作用。桃李不言，下自成蹊，不是美妙的境界吗？

辑二
教育循道

为孩子的信念烧一把火

前几天，好友在群里发了一个视频，是讲农忙季节割稻打稻的。于是，大伙纷纷说起小时候劳动的艰辛和乐趣。

说真的，小时候农忙收割时，确实偶尔有一些趣味，比如抓个泥鳅、比赛着打稻等，但更多的却是艰辛和难言的苦涩。面朝黄土背朝天，清晨早早到田里割稻捧稻，中午在滚烫的水中踩草，傍晚插秧到天黑才回家；做完自己家的农活，还要劳务输出到几个亲戚家帮忙；好不容易护了一年白起来的皮肤，二十几天炎炎烈日下的劳动后，被晒得黝黑。对于青春期的女孩子来说，简直宛如灭顶之灾。那时心中经常想，快点上学吧，还是在教室里最幸福。

初中读书的信念，就是远离这样艰苦的重复劳动，考到自己心仪的学校，跳出农门。信念强烈到每晚主动挑灯夜战，强烈到根本不需要父母来督促学习，强烈到成绩必须名列前茅才善罢甘休。

再说个跟写作有关的信念。十几年前成为家庭教育讲师，经常进学校或下乡村去给家长们做报告。我偶尔想，把自己的思考或身边的例子能记录下来，对有心的人来说，启发不是更大，辐射不是更多吗？于是，从2016年起，我就有意无意地写一些家教方面的文章，2017年，我郑重地申请了一个公众号，正式开始每周推送一两篇教育原创文，到2018年，顺理成章地出版了第一本书《和孩子一起成长》，2020年又出版了《今天怎样做家长》，给很多家长、老师带去了启迪。

这就是信念的力量，当你设定一个目标，并坚信自己一定能达成时，信念已经扎根心中，成为督促自己前进的动力。当你松懈时、畏难时、遗忘时，它都会跳出来，敲击你、提醒你、鼓励你坚持下去。

做教育的明白人
ZUO JIAOYU DE MINGBAIREN

信念的力量何其大！卓越的信念才有卓越的行动。

让我们把目光投到现在的孩子身上。精神软绵绵，没有目标，怕吃苦，缺少斗志；不爱劳动，不爱运动，在手机、游戏里迷失了方向，消磨了信念。不要说年纪小的孩子不知为何努力，得过且过由老师家长牵着鼻子走，就连不少读大学的孩子也不知为何活着，如何去为理想执着奋斗。

看邻居岛国，据说他们的小学生，在已经下雪的十月份，依然穿着单裤去上学，到校后光着脚在铺满雪的操场上跑几圈，也有孩子受凉流鼻涕了，父母老师一致认为孩子的抵抗力不够强，需要再增强体质。就连幼儿园的孩子，体育运动的强度也远远超过了我们的同龄孩子。

小小年纪，咬牙对抗困难，坚持不懈努力，是不是让人感慨且反思？

我们的生活条件越变越好，家长给孩子的物质满足太多了，对精神上的信念植入太少了。

孩子，你努力的样子、坚持的样子、不怕困难的样子、自信的样子，特别可爱，可是这样优秀的表现、卓越的信念，我们老师、家长如何引导？

语言心锚，自我暗示

有看过保险行业的早会吗？大家会高声地为自己加油，认为自己充满斗志、无坚不摧。这其实就是给自己下语言心锚。心理学中教不够自信的人会有一招，就是每天起床对着镜子微笑，然后大声告诉自己——我行，我能，我很优秀！这就是用语言进行自我暗示。

师长可以引领孩子，每天给自己暗示：今天我心情很好！今天我学习很认真！今天我一定有进步！类似这样的话，让孩子们不断地给自己下心锚，使自己的潜意识接受这些信号。这对孩子一天的情绪有很大的影响，能够心情愉快、信心倍增地去学习生活。

故事引领，无痕渗透

故事是最好的教育方式。每天一个正能量的名人立志故事，给孩子带去的，不仅是写作的素材，更多的是名人面对困难的坚强和智慧以及做人做事的哲理，如春雨点点入土，对孩子的影响是久远的。

辑二
教育循道

多贴标签，正面鼓励

老师哪壶不开提哪壶，不过是正面地提。哪个孩子没有意志力，内心缺乏信念，做事不肯坚持，那么，稍有亮点表现，老师就夸他有力量、很重要、很自律，夸到他不得不自律起来为止。不过，这太需要老师的耐心了，也太需要家校的配合了。

运动劳动，双管齐下

坚持不懈的劳动和运动是非常磨炼人的意志的。可以增强人的信念——若不出发，谈何抵达？意之所在，能量随来。只要我愿意做，我一定能做到。

表妹为了减肥，在均衡饮食的基础上，每天快走、转呼啦圈，一年下来，不仅顺利甩掉20斤脂肪，更要紧的是，整个人的状态变好，自信快乐了很多。现在哪怕不为了减肥，她也在坚持运动。运动已经铸就了内在的信念，那就是完善自己。

有的孩子，他做事拖拉，意志薄弱，斗志低下，学习信心和劲头不足，家长就督促他找一个适合的易行的项目，坚持运动吧，慢慢地，他的信念就变了，不再是——我没用的，我不行的，我干不了的。他会渐渐发现——只要我努力，我也可以做到。正确地坚持，就会有成效。而且，运动还可以改变人的情绪和状态，让人更愉快、更积极。

劳动的力量也是一样的。

定期表彰，信念分享

拥有一双善于发现的眼睛，和一张敢于表扬的嘴巴，不是老师又是谁呢？班级也好，孩子们个体也好，只要稍稍表现出一点优秀信念的迹象，老师就能把握住这样的星火，煽动它，放大它，呵护它，让它能积极地蔓延开去，班级里这样的正能量就慢慢多了。

定期表彰，比如每周或每月评一次"卓越信念"之星（当然，名目会有很多，它属于有心有创意的老师），每周让有目标有决心有毅力有心胸的孩子上台分享自己的做法和心得体会，在众目睽睽之下再次印证和强化内心的卓越信念，也让

做教育的明白人

全班孩子感受身边榜样的无穷力量。

甚至都不用什么奖品,因为来自优秀的真正快乐是属于自己的,我们只要放大这份快乐就好了。比如持续两分钟的鼓掌,比如让全班同学用羡慕钦佩的眼神注视台上分享的孩子,让他们感觉到荣光,产生珍惜自己的羽毛、坚持下去的愿望。

最后,还得引导家长,协同家教,少点包办代替,多点延迟满足,磨砺孩子的意志,打造孩子的精神,正如孟子所说:"天将降大任于是人也,必先苦其心志,劳其筋骨,饿其体肤,空乏其身,行拂乱其所为,所以动心忍性,曾益其所不能。"不过,这是一项任重道远的事业了。

辑二
教育循道

让教育来点创意吧

有个自己办企业的朋友聊到今年的形势，说不少企业有危机，北大、清华的毕业生照样要失业，照样在这样多变的时代混不好。在这瞬息万变的世界，有责任心、有干劲、有创意的灵活的孩子，才能不断转身，随机应变，与时代共舞。

比如，商业领域，有创意，才能胜人一筹，技压群芳，才能有市场。

比如，科技领域，有创意，才能先声夺人，拔得头筹，才能有威望。

在教育中，我们的方法也要有创意，才能收获孩子的心，才能面对成长中孩子多变的情况，而胸有成竹、临阵不乱。

疫情期间同事的学生一家四口的做法，就非常有创意。妈妈负责拍摄，父子仨负责搞怪，把宅家的生活整得活色生香、趣味盎然。

三个人穿戴好袍子，配合着音乐，侧身手搭前一人的肩膀，晃动身体，挥舞着围巾当马鞭，貌似驰骋在大草原上。

或者，三人演绎菜场卖菜买菜场景，父亲和六年级的哥哥是卖主，摊前摆满了各色蔬菜。一年级的弟弟，手拎一只很大的菜篮子，在摊前左看右看挑蔬菜，父亲抽出一支香烟递给他，还装势给他点上了，弟弟就煞有介事般一边抽烟，一边拎起一捆菜，父亲称了称，弟弟拿出手机在哥哥那做样子扫一下二维码。整个视频里配上音乐，看得让人忍俊不禁。

更让人觉得叹为观止的是，父子三个还装好显微镜，穿好防护服，在研究细菌病毒呢，一个个貌似钟南山院士。

真是有创意的家庭教育。

对于小学的孩子，在那漫长的宅家时光里，如何让他们生活得开心，学习得

做教育的明白人
ZUO JIAOYU DE MINGBAIREN

有劲，一家人和和睦睦的，父母的童心和创意不可缺少呀。

整天板着脸做网课学习的监工，多无趣呀。和孩子一起玩玩游戏，演演情景剧，再现生活，也升华生活，很多生活的智慧、人生的道理就在这样有滋有味的体验中浸染了。

要好好学习，有知识、有才华才能做个像钟南山院士一样为祖国做贡献的人，在游戏中就这么无痕渗透了，还需要家长一本正经说教吗？父母和孩子兴致勃勃地玩到一起，你对孩子的规则约定和教育，孩子能不听吗？

很多家长总吐槽和孩子没话说，孩子跟自己关系不亲密，家长不如去走进孩子的心，去和孩子玩到一块吧。不要指责，减少唠叨，亲其师信其道，当孩子和你的心在一起，无论你是家长还是老师，他都愿意听从和跟随。

我们的方老师，在上半年学生复学返校后，考虑到疫情期间，孩子们一直被束缚在家中，被迫网络学习，以及和家长矛盾不断升级。4月，好不容易回到学校了，紧接着面对的就是紧张的小升初复习，身心还未得到舒缓，大山又压了过来。于是，方老师组织了一次很有创意的荧光棒晚会，以缓解学生的焦虑情绪。在一个考完试后的晚自习，方老师拿出了两桶荧光棒，学生看到要分荧光棒，并不是很热情，但是听说要把荧光棒折亮后用透明胶绑在身上，利用荧光棒的灯光效应，来一场荧光棒BATTLE，他们顿时快疯狂了。这次分组比武，不仅要讲创意，还要讲团结。一个个六人小组内，孩子们拿着自己的荧光棒开始发挥创意了。那一晚，大家玩得特别痛快。之后几天，孩子们学得特别有精神。

老师、家长注重培养孩子的创意，可以做到：

1. 包容叛逆

叛逆的孩子往往是有主见、有想法、与众不同的孩子。我们师长不要迷信听话，要尊重孩子的阶段性发展和每个孩子独特的个性。人文氛围越宽松，越有可能激发孩子的大胆创意。

2. 鼓励异想天开

师长能经常引导孩子想一想，有没有其他想法、思路了，孩子才会经常去寻找新思路、新方法，大脑保持敏锐和活力。

抖音上有一则笑话：问一年级孩子，树上有十只鸟，猎人开枪打死了一只，请问还有几只？脑洞大开的孩子，回答之前纷纷提问：有没有耳聋的鸟，听不到

辑二
教育循道

枪声？有没有智商很低的鸟，听到枪声不飞的？枪声大不大？如果很大，城管不会管吗？有没有是恋人的鸟，一只死了，另一只也不肯飞了？有没有死了仍旧挂在树上的？猎人眼睛有没有近视，会不会看错了？

哑然失笑的同时，也启发到师长们，允许孩子异想天开，孩子的想象力方能恣意飞翔。

3. 客观看待成绩

我们当下的学习，呈越来越紧张的态势，师长的焦虑情绪也时不时出现。孩子想有更好的分数，往往更需要按部就班、扎扎实实训练。可成绩出色的，并不一定是特别有创意、有独特想法的；成绩暂时落后的，也有可能是想象力丰富，很聪明会动脑筋的。这需要我们客观看待，也需要我们用多元智能论去综合评价学生。

4. 允许孩子有一定的自主时间和空间

师长不要无微不至、面面俱到，不要把孩子的时间空间都完全占领。要多给孩子一些机会和平台，让孩子自己动手，自己选择，自己决定。这样，孩子才有探索的可能。前几天，网络上传播一个大学生自己研制、发射、回收火箭的事情，这个孩子的创新火花，被呵护，被保持，他的背后，肯定有懂得赏识、宽容的家长和老师。

5. 巧立名目，巧设活动

班级管理中，老师若颇有创意，就会给孩子树立很好的榜样，孩子也会遇事另辟蹊径，别出心裁。

比如，有些班主任很会搞活动，一学年下来，什么童话阅读节、做家务节、美食节、话剧节等，丰富了孩子的生活，也滋养了孩子的灵性。同时还很会激励孩子，指导写个散文，就设个"朱自清奖"；写童话，就设个"安徒生奖"；孩子交上漂亮工整的作业，评个"小王羲之奖"；一学期下来，书本被保护得好，就评个"护书卫士"等，颁奖盛宴让孩子爱上学习，喜欢创新。

家庭里也一样，家长善于动脑筋，做事独树一帜有想法，孩子在耳濡目染中也往往会有创新意识和行为。

6. 保持一点自知

我们师长在教育时，一定要对自己有一份自知之明。自己的成长，可能太过

做教育的明白人
ZUO JIAOYU DE MINGBAIREN

顺从、乖巧，在既定的道路走得稳当平静，于是我们以为这样的路就是最好的，甚至是唯一的。我们往往会用自己的视角、自己的经验去评价和要求当下的孩子，可是，有些孩子的表现，他是超出我们的经验范围，是不同于我们一贯信服的标准的，我们千万不要用同一个标准去衡量，从而有可能限制了优秀的、有创意的人才。

辑二
教育循道

培养孩子解决问题的能力

先看两个镜头。

镜头一：傍晚我散步时，看到一对爷爷奶奶带着个小孙子在闲逛。两位祖辈都戴着眼镜，文质彬彬的样子，我猜测是退休教师。小孙子三四岁，推着平板小车，手扶直杆子，一脚放在窄窄的车板上，一脚踩在地上，一下一下地往前行。一不小心，连人带车摔倒在地，爷爷奶奶仍旧不慌不忙站在后面，奶奶柔声说你自己起来吧，孩子一声不吭爬起来，扶起小车，又开始重复动作。但过不了一会儿，又摔倒了，孩子还是自己起来，不哭不闹。这时爷爷说，孩子，你经常摔跤，是不是有些痛？要不我们想一想，怎么样可以不摔跤？

然后，爷孙三人开始郑重地想办法，孩子奶声奶气地说，我开得太快了。爷爷说，是呀，你车上的那只脚没踩稳呢，开得快就容易跌倒。车的板太窄，你的脚很容易滑下来，怎么站得稳一点？孩子说，那我把脚横过来一点，踩得牢一点。奶奶夸他道，你可真会想办法，那你再试试吧。

孩子又自信满满地开始行动了，爷爷奶奶紧紧地跟随而去。

这对教师模样的祖辈不越俎代庖，会引导孩子解决问题，真是有智慧的老人。

镜头二：

开学了，我们的教师经常会派学生去总务处、行政办或功能教室拿书、取资料等，经常会出现的状况是，学生像无头苍蝇般的四处转一下，问了两三个人，还是找不到目的地，就不敢再问，无功而返。然后，教师或者自己出马，或者派几个熟悉地点的学生再去试试，或者更周到一点，电话联系，让对方在哪边走廊口等好，与学生会合。

做教育的明白人
ZUO JIAOYU DE MINGBAIREN

但是，无功而返的学生呢，他解决问题的能力提升了吗？他做事的信心、尝试的勇气被保护了吗？后面只是做了搬运工的学生，他们做事的方法、能力有锻炼到吗？

德育，就在这样的细节考虑里。

于是，有经验的老师，会未雨绸缪地考虑到种种，先把大致地图在黑板上画一画，让每个孩子都明确宽阔的校园里几幢楼的架构，因为每个孩子都是潜在的任务执行者。然后是预设到寻找过程中，孩子可能会遇到的询问困难，比如，走廊上碰到老师匆匆而过，无暇顾及你的请求怎么办？老师说得太快，你听不清指令怎么办？你最好找哪里的老师寻求帮助最合适？怎么求助老师最愿意帮助你？

最后，让学生大胆去试试，如果试得不成功，回来后除了鼓励，有一环很重要，就是让学生说说遇到了什么困难，是什么原因导致任务完不成，然后让大伙一起想办法，接着再让该学生去试，直到成功为止。

这个指导和实践的过程中，显而易见，全班同学解决问题的思维得以优化，行动学生解决问题的能力得以提高，大家可以把关于求助、找资源、为班级出力等抽象的道德条目变成亲眼所见、亲身所历的现实。这不就是清晰而有效的德育吗？

关于道德教育，我们应该明白的是，学生学的不是枯萎的道德语言符号和知识气泡，而是沉甸甸的生活与道德的智慧。学生习得的东西，最终要变成生活、行动的指南，最终回到生活世界，教学是为了学生在生活中实践。学生的学习是一个意义建构的过程，是社会参与的过程，学习的目的就是能真正面对实际生活中的各种问题。

我们的德育如果搞得天花乱坠，说得头头是道，实际上却空洞而乏味，根本帮助不了学生解决生活中的实际问题，帮助不了学生更幸福地生活，那德育的意义何在呢？

提升孩子解决问题的能力，是我们老师家长的重要责任。

同学去英国游过学，他印象最深的是，英国没有专门的道德课，但每周会有一两节的"圆桌德育"时间，学生团团围坐，提出近期的困惑，大家一起出谋划策，教师相机引导。

我觉得我们来进行圆桌德育也是可行的，方式可以更灵活，班主任可以腾出一节课，或一段时间，也可以随机寻找闲暇，让孩子说说近期比较困惑的解决不了的问题，大家一起来想办法。

辑二
教育循道

比如有个学生说，我跟我妈妈没话讲，很苦恼。

大家就会表示有同感，把感受纷纷说出来，一起吐个槽，然后情商高的孩子就会贡献出自己的金点子。

这时候，老师就要有创造课程的意识，可以随机想些活动让学生体验一下，来唤起对沟通重要性的认识，这类心理游戏百度一下就可以找到很多。还可以创造情境，让学生演一演，让困惑者站在旁观者角度看问题，或许会换个角度，获得新的感悟。

又比如，学生觉得刚转学进来融入不到班集体中怎么办？搞卫生安排任务时大家不配合怎么办？老师对自己有成见怎么办？学习怎么努力也提高不了成绩怎么办？

诸如此类。学生视角下会有各种问题出来，只要班级人文氛围不错，大家就愿意说真心话，那么，通过圆桌德育，学生视角下就会有很多好点子亮出来，那是他们自己的语言，更易接受和入心。教师更多的是智慧地鼓励、点拨和推进。

德育的目的是为了让孩子更好地生存、生活，促进社会性发展。教育的最终目的是为了让生活更美好，不是吗？

做教育的明白人
ZUO JIAOYU DE MINGBAIREN

你会"治未病"吗

人们常说，三流医生治大病，二流医生治小病，一流医生治未病。在管理上我们也可以说，三流管理者解决大问题，二流管理者解决小问题，而一流管理者提前预知和预防问题。

班主任作为管理者，不仅应成为解决问题的高手，更应该成为防范问题和化解问题的高手。

高明的班主任会"治未病"。

同事的孩子，初一要入学军训，本来是打算让孩子住教师宿舍的。班主任老师果断地说，学生宿舍有空床的，一开始最好住在学生宿舍，这样有助于孩子更好地融入集体，否则，和同学们的关系就会疏远，容易被孤立。这个班主任想得很周到。后来孩子在军训时和班级同学很快熟悉了，也交到了几个新朋友，高高兴兴开启了初中生活。

无独有偶，好友的孩子，同为教师子女，参加高一年级的军训，报名时说不想住校，要每天傍晚回家。老师没建议和动员，家长也顺了孩子。一周军训的后几天，孩子天天回家很沮丧，因为她发现同学们这儿一堆，那儿一簇，说得不亦乐乎，自己怎么也融不进去，甚至怀疑自己的能力和性格了。

军训是很好的破冰活动，患难与共，很容易培养出战友之情。同学们晚上可以一起哭诉军训的苦，一起畅谈军训的乐，同仇敌忾，同甘共苦，格外有滋有味，友谊的种子就顺理成章地种下了。

好友孩子的班主任没有意识到这一层，没有治好未病，导致后来孩子对交友出现了一点困惑。

辑二
教育循道

有经验、有预见性、有治未病思维的班主任,往往想得比较细致和超前。

——我校一年级孩子在体育馆报名时,有位班主任,她给每个小朋友身上挂了标明班级名称的牌子不说,还给每个孩子胸前别了一个黄色的"笑脸",其他老师给孩子送上观光车,带入宿舍进行班级分配时,一看便知,不需要逐个看牌子或询问,很高效,这是"笑脸"的用意之一。其二,"笑脸"还可以提醒孩子进行情绪管理,今天可是带了"笑脸"哦,和爸妈分别要笑脸相送,不哭不闹。这样的暗示是起到了作用的。

——我们是住宿制学校,一年级入学,难免会有孩子出现分离焦虑,家长同样也有,需要未雨绸缪地引导。有经验的老师会提前跟家长说,平时亲子比较黏人的,可以让孩子带来亲近的玩具或父母的相片,做一些情绪的缓冲和过渡;开学后让家长也赶紧安顿好自己的情绪,相信孩子一定能在新环境中慢慢适应;大周回家时,不要补偿式地溺爱,不要去夸大孩子的不适,比如老问哭没哭啊、菜好不好吃、同学有没有欺负你、老师凶不凶这样负面的问题,而是应该尽可能地正向引导。

——又如,一年级新生或新转入的孩子,他们的交友情况是班主任老师特别关注的,因为良好的同学关系,直接影响了孩子在校的生活质量。对一年级孩子,老师会巧妙地运用各种游戏和活动,让孩子相互之间熟悉起来,尽快地交到朋友,缓解焦虑,缓和心情,快速地安定下来。这确实是重要的入学课程。

——开学,有些孩子晚上不容易睡着,白天没精神,因为暑假里相对睡得比较迟,家长没有有意用一段时间调整过孩子的作息,孩子到校会需要几天的过渡时间。能治未病的老师就会让孩子在白天多进行体育运动,孩子累了晚上自然会早一点睡;睡前会特地让孩子看一会儿书,引导孩子躺在床上时头脑里做一会儿冥想;值班的老师也会有意多照看一会儿。

——开学头一周,学生的卫生状况可能就不太理想,因为假期里很多孩子衣来伸手饭来张口,不收拾不整理,坏习惯多了。能治未病的老师心理上早有准备,对孩子会有更多的引导和鼓励,会创设更多的实践机会。

——有的老师,为让班级早早步入正轨,形成向心力和凝聚力,开学后,和孩子们共商而定的班级管理制度和评价方式便应运而生。

……

能"治未病"的老师只会想得更多,做得更多。

做教育的明白人
ZUO JIAOYU DE MINGBAIREN

让孩子学会倾听

走进四年级某班上道德与法治课,孩子们一个个笑意盈盈,神采飞扬,上课气氛很活跃,那种热气腾腾的生命力和课堂活力真让人开心。

但是,美中不足的是,活跃的班级、活跃的孩子,静下来就稍显一点困难,孩子们争先恐后只顾自己讲,就忘记了要好好倾听。

然后,走进一年级的课堂,一张张小嘴巴叽叽喳喳,却不听老师说了什么,更不听别的同学在说什么。

小学阶段,无论哪个年级,培养倾听的习惯都十分重要,可以说是一项人生的奠基工程。

倾听的重要性,可不仅仅在于会不会影响纪律,有没有听到别人的答案。在我的理解层面,倾听作用于学习,也作用于心理,还作用于关系。

倾听是学习的好方式。我们就要来讲讲人的五官,你看,嘴巴只有一张,耳朵却有两只,上帝造人时,就已经明确告诉了,听比说更重要。

你头脑里产生了一种想法,如果你不听别人的想法,就只停留在自己的念头上;如果你认真倾听,就可能听到好几种想法,你还可以进行比较鉴别,比如有的想法和你的雷同,有的想法有新的认识和补充,有的想法完全是另起炉灶,让人耳目一新,你就可以去粗取精、兼收并蓄,就拥有了比自己原有的想法更全面、更深刻、更丰富的认知。这就是倾听让人学习和思考到的,倾听能使人聪明和深刻。

倾听是沟通的前提。沟通的效果取决于对方的回应。如果不倾听,怎么让人倾诉,怎么给人回应,怎么达成良好的沟通呢?所有沟通的战略战术都教我们,要与亲朋好友甚至陌生人有好的沟通效果,不仅要会表达,更要学会倾听。倾听,

辑二
教育循道

能让人捕捉信息，了解情况，以便更好地反馈与回应；倾听，代表接纳、支持、看见，能让人感受到尊重和重视。这些都是良好沟通里不可缺少的。

倾听能给到别人心理力量。我们再来看看这个听的繁体字，繁体"聽"为耳德，即耳朵所得，将"听"字拆分开，左侧为耳听为王，右侧是"十目""一心"。意在听的过程中要一心一意地关注着对方，要用心聆听。倾听时，心到、眼到、耳到，专注凝视，共情、理解，这会给倾诉者、回答者带来多么大的支持力量？

当老师愿意一心一意倾听孩子，哪怕他犯了错，你也给他机会说清来龙去脉，而不是主观武断地听了片言只语，就下了结论，孩子对你给予的这份尊重的心意会非常感激；哪怕孩子在上课时，支支吾吾、词不达意时，你也能让他调整情绪，理清思路，慢慢表达，孩子的信心就在你的等待、倾听、注视中一点点建立起来。

同学们也一样，当有同伴在小声地、不自信地表达时，大家默默等待，暗暗鼓劲，同伴在强大而温暖的气场支持下，挑战了自己，绽放了自己，这是多么有生命能量的事！

倾听是处理关系的法宝。我们现在的小年轻普遍处理不好亲密关系，我们现在的父母普遍处理不好亲子关系，特别是跟青春期孩子的关系。究其原因，有一点是逃不掉的，就是大家都太关注自己了，只看到自己的感受、需要，缺乏一点换位思考；太忙着要表达自己的想法了，一心想征服和控制对方，却忘了索取的前提是先给予，表达的前提是先倾听。

如果我们能静下心来，给爱人一双真诚的耳朵，你想讲什么就是什么，我只是无条件地接纳、陪伴、倾听，放下已有的想法和判断，用心体会其中所包含的感受和需要；如果我们能蹲下身来，给孩子一双眼睛和耳朵，"怎么了，慢慢说，妈妈听着呢""来，让爸爸听听事情的来龙去脉"，任凭孩子絮絮叨叨，不胡乱评判，不把话堵死，倾听孩子情绪感受的表达，倾听孩子对事情经过的描述，孩子就敢于向你亮出心扉。如是，亲子关系怎么可能不融洽呢？

良好的倾听意味着，不论对方以什么样的方式来表达自己，我们都可以用心地接纳，一心一意地体会对方。

这样的倾听，美好而温暖。

这样的倾听，可以从小学生的家庭和课堂上开始。

做教育的明白人

ZUO JIAOYU DE MINGBAIREN

沉迷于学习不可自拔

同事说，读初一的女儿一开学就学习劲头过足了，父母5点40分起床一看，女儿已离开教师公寓，自发到教室学习去了。回忆六年级小升初前夕，全班同学学习热情高涨，常常为钻研题目讨论得不亦乐乎，也为攻克难题挑灯夜战，大家追求着一天比一天进步。女儿的QQ签名换成了"我已沉迷于学习不可自拔"。现在的班级也是班风学风优秀，孩子又对学习上瘾了，每天回家斗志昂扬又欢欣鼓舞。听得我们是又感慨又惊叹。

哪一位家长不希望自己的孩子有这种学习状态？怎样让孩子能快乐主动地沉迷于学习不可自拔？这是可遇不可求的事情，还是有规律可循？简单聊几点建议。

先干为敬

我们家长和老师尽量在学习兴趣的激发上少说教，教育更多是模仿。

说说我的亲身经历。记得小时候，我父亲常常一边抿着小酒，一边翻着书，非常享受的样子。书的吸引力，父亲用行动直接告诉了我们，无须用语言解释；开学了，我们的新书一下发，回到家，父亲总是抢过我们的书包，把书（尤其是语文书）拿出来乐滋滋地看，有时为避免他给我们的书沾上油渍，我们放学回家就慌忙藏书包，父亲就到处找，一起玩"猫捉老鼠"的游戏；手头并不宽裕的父亲订了好几种报纸，家里到处是报纸。耳濡目染，我们也慢慢爱上了阅读。

所以，长者的以身作则，为孩子树立了榜样，孩子就会被影响、被唤醒。重

辑二
教育循道

复德国哲学家雅思贝尔斯说的那句话：教育就是一棵树摇动另一棵树，一朵云推动另一朵云，一个灵魂召唤另一个灵魂。

用好双刃剑

我们常常用奖励来激发孩子学习的积极性，短期内，它往往是立竿见影的；对后进的、缺乏自信的孩子，作用往往是巨大的。可是，对那些有主动性的孩子，或最终你想让孩子有内驱力，奖励就要慎用，或用得恰当。否则，淡化了孩子内在自给自足的快乐，把学习的动机指向了外在，反而不长久。所以，奖励是把双刃剑，要用得有分寸。

有一位家长很有智慧，当孩子连续几次拿着考了70多分的试卷回家，没有批评指责，只有鼓励和一起查漏补缺。

有一回，孩子非常开心地拿着100分的试卷回来，激动得语无伦次地向妈妈报告喜讯。还问妈妈说：你怎么奖励我呀？妈妈机智地引导：你看，刚才你都激动得说不出话来了，看来，考了满分，你自己才是最开心的，对吗？不需要别人来奖励了。考得差，妈妈不惩罚你；考得好，你自己已经获得了快乐，妈妈无须奖励你。

让孩子享受学习本身带来的快乐。

这个我深有体会。观察、思考、写杂文，这是我自己的兴趣，属于自得其乐。如果为了任务，为了奖金而写作，就把快乐建立到了外在的东西上，反而冲淡了内在的满足感和愉悦感。

享受事情本身带给人的心流状态，不为其他，纯粹才能长久。

耳濡目染

家庭书香环境的构建，班级班风的营造，对孩子的成长、对孩子学习兴趣的渗透和激发，起着巨大的作用。

有经验的老师一定会努力创设良好的班风学风，桃李不言，下自成蹊；有智慧的父母会用良好的家风来带动孩子，春雨润物，家风化人。

愿我们的孩子，能主动地沉迷于学习不可自拔，那是多么妙不可言的境界。

做教育的明白人

ZUO JIAOYU DE MINGBAIREN

带着孩子反思生活

哲学家说过，不经过反思的生活是不值得过的。

人精神的自我完善大约就是因为源于生活，反思生活，于是高于生活，指导生活。

孩子对生活的反思能力可以从小习得吗？可以从学校习得吗？我想应该是可以的。在引领孩子拥有更好的精神境界的路上，我们是可以有所作为的。

开学了，为凝聚班级人心，大家一起夸夸班级，看看班级有哪些优点可以发扬光大。比如班级人人有岗位，事事有人做，人人是主人，有丰富的班级活动，同学间团结友爱，老师们认真负责有爱心等。

同时，每个班级都有自己的不足，一起来发现班级还存在哪些问题，比如，卫生工具的摆放，教室的绿化，讲台桌上的陈列，排队出操的纪律，活动参与的积极性等，针对不足，大家出主意，想办法，用自己的智慧为班级献计献策。

对于个人也是如此，新学期伊始，大家说说自己的优点，小组内说说，全班面前说说，增强信心，鼓舞斗志，积蓄能量。然后也可以让孩子们反思自己的缺点和不足，特别是为人处世、学习生活习惯、学习态度等，就问题为自己制定相应的改进措施，定下合理的目标。为了更美好的自己，为了更美好的生活。

这个工作其实可以成为常态。

当一个单元学完，可以反思自己学会、学扎实了哪些知识点，哪些点还是没掌握牢固的；可以反思自己整体的学习态度和学习品质，以促使自己查漏补缺、扬长避短。

当一次考试成绩下来，可以反思自己的错误是什么原因，是没掌握难点，是

辑二
教育循道

复习不认真，还是考试太马虎；可以反思自己哪些分数是可以不失去的，哪些是侥幸而得的，从而让自己清醒地看到收获与努力的方向。

当一篇作文写完，也可以让孩子们反思亮点在哪里，缺憾在哪里，怎样可以写得更精彩。

如果一个孩子有反思、复盘的思维，那为他往后清醒而理性地生活、高质量地学习和工作都奠定了基础，老师可谓功德无量也。

那老师就不需要反思吗？

当然需要，反思教学方法、教学效益，反思育人方法、育人效果。

比如考试一事，为何第二次、第三次，学生还是屡屡出现类似的错误，老师抱怨说，我都不知讲过多少遍要怎样怎样，怎么都当耳旁风呢？

当说这句话的时候，教师就要有自我觉知，需要好好自我反思了。是学生不听吗？为何不听、不做呢？是老师威信不够可以不听？是老师的话没有说服力不想听？是听了却忘记做？是听了训练得不够？还是听了却不以为然？或者是听了却无能为力？

老办法出现老效果，如果要有新的效果，老师就需要反思、改进，寻找新的方法。

又比如，有孩子犯了错误，像吵架骂人、赖作业撒谎等，老师想杀鸡儆猴，每次当着全班同学的面一顿当头棒喝。但是为何犯错的却屡教不改，没犯错的几个内向孩子却每次噤若寒蝉，对老师避而远之。鸡没杀，猴却吓倒了，那教育的目的就没达到。既然没达到目的，那说明选择的方法不恰当，那就必须换方法。比如要杀鸡就杀鸡，少儆猴；是鸡的事情，就好好引导鸡，关起门来批评也好，耳提面命也好，事后跟踪督查也好，和家长联系也好，都需要对症下药；猴是无辜的，就还他们一个安静、温暖的环境，任其悄悄生长，不无缘无故震慑和惊动他们。这都需要教师反思和自我批判的勇气。

老师不仅有勇气，还有智慧带上学生一起反思，过值得过的生活。

做教育的明白人
ZUO JIAOYU DE MINGBAIREN

关灯与光盘

去六年级上课，大白天，阳光明晃晃，教室里灯火通明。

我叫了声第一组头排的男生，朝灯示意一下，他不明所以地看着我，其他同学也没反应过来，看来关灯这个行为不是下意识的动作，没有形成条件反射。"关灯，节电"，部分同学不以为然地笑了。

虽然这节要上《我们是公民》这一课，是关于法律的，但我想现场即兴生成的德育微课估计跟公民的义务是有联系的。

大家都知道，道德与法治的课程理念就是帮助学生参与社会、学会做人，以社会主义核心价值体系引导学生的道德发展，丰富学生的社会认识和内心世界，健全学生的人格，使他们能以积极的生活态度参与社会，成为有爱心、有责任心、有良好行为习惯和个性品质的人。

我打算来提升一下孩子们的社会认识，激活一下良好的行为习惯。

先讲了一个故事。几个中国人在德国餐厅吃饭，结账时桌上东西没吃完，一个老太太走过来严肃地否定了他们的行为，中国人觉得委屈，钱是我们自己出的，碍着谁了？德国老太太义正词严地说，钱是你们自己的，但资源是大家的。

于是我也严肃地说，水啊，电啊，看似用起来很平常，我们学校也好，你家里也好，都花得起这个钱，但水资源、电资源是大家的，我们不应该随意浪费。

当资源穷尽时，钱也无能为力。

为深化认识，我聊到开学后学校里倡导的光盘行动，问亲历其间的孩子们，在今年的疫情背景下，节约粮食显得尤为重要，为什么？

辑二
教育循道

孩子们的思考只是停留在粒粒皆辛苦,要珍惜粮食,或今年经济不好,需要勤俭节约。

都没错。但是在疫情时期,节约粮食是具有和平意义的。

我告诉孩子们,因为疫情,东南亚出产大米的国家,比如越南、泰国等,纷纷决定今年粮食不再出口,以保证内需。这意味着,我们必须自力更生,哪怕有钱,可能也买不到别国的粮食。那我们自己的生产和库存能维持14亿人口的一日三餐吗?如果不足以支持的话,就有可能出现社会性恐慌甚至动乱,这肯定是每个中国公民不想看到的不太平现象。虽然现在国家发话了,我们的库存能支撑举国民众的三餐。但是,人人节约,人人光盘,让每一粒米、每一棵菜都发挥好作用,保证我们粮食的自给自足,保证国家的长治久安,是不是意义重大?

光盘不仅仅是自己的节约,不仅仅是个人的行为,而是社会责任感的体现,是爱国主义落到实处的行动。

爱国主义是高调吗?不是,它可以是节水、节电、节约一粒米,是作为中国公民可以时时刻刻、点点滴滴、实实在在于小事中做的努力。

于教师和家长来说,如是,随处可拾教育的契机。

做教育的明白人

ZUO JIAOYU DE MINGBAIREN

走脑与走心

家长说，跟孩子说了多少次，要好好学习，道理都说烂了，孩子就是听不进。

老师说，关于厉行节约、反对浪费的重要性和危害都跟学生说清楚了，但孩子就是左耳进右耳出，不当回事。

家长说，我家儿子，从小对他讲道理，他都能理解，说出来也是一套套的，可就是眼高手低，明知故犯。

老师说，每次教育起来，总是说到孩子们抬不起头来，但他们却在我面前装样子，当面一套背后一套，阳奉阴违。

……

教育，如果只是讲道理，让孩子厌烦；如果只是唠叨指责，让孩子焦躁；如果只是威胁批评，让孩子恐惧。

语言太频繁，教育者其实是急功近利，妄想凭借一番言论就让孩子听从，达到说服的目的。

说服，走的是脑，指向的是孩子的认知能力，我们往往以为，孩子的认知能力提升了，道德水平、思想意识自然就会提高了，品德与行为习惯就会改善了。

道理讲得再多，没有真正进入孩子的心灵，就不能真正结合他们的生命力量，就改变不了他们的行为。

人的生命是一个整体，有认知、有情感、有意志、有行动、有意识，也有隐藏在意识之下的非意识，这些都是生命的力量。在学习的过程中，需要这些力量的综合参与。

德育需要启动孩子的知、情、意、行，正是生命力量全面参与的表现。

辑二
教育循道

所以，教育，既要走脑，也要走心；既要意志，还要实践。

语言，是沟通的方式，也是教育的方法之一，若要使语言教育走脑更能走心，那就要么尽量不讲，要讲就讲心坎上。

如何走心？

走心指关注情绪情感的影响。激励、赞美能让人情绪昂扬。批评，让情绪低落，效果不佳，偶尔为之可以，长久使用，则孩子的能量太低；赞美与肯定能激发人的良好情绪和情感，唤起行动的力量。

表扬用喇叭，遇到后进孩子难得的"例外"表现，就大张旗鼓地肯定与赞美。"这节课你非常专注，基本不开小差了，你是怎么做到的？""这次回家作业，质量明显进步了，你是怎么学会自我负责的？""今天排队时你做到了静齐快，你是怎么进行自我督促的？"这样的语言，相信是能走孩子的"心"的，让孩子看到自己的资源，慢慢找到自信。

常见的比如做眼操的事，很多孩子趁老师不检查，就偷懒，不认真、不自觉，威吓、批评没用，那就用规则来约束，事先约定，按规定执行，激励他们为小组努力。或者告知意义，揉捏耳垂、脚趾抓地，这是补肾，是强身健体，是吃补药，开玩笑"补药时间到，为免疫力添砖"。又走脑又走心，学生们觉得有意思，对自己有好处，对小组有意义，就会用点心去做。

体验可以走心。体验学习的重要价值不在于学会某种技能，而在于在亲历中获得真实的感受，引起内心的触动，这种体验是形成认识、转化行为的原动力。

女儿小时候，一回趁我外出培训，天天晚上偷偷吃糖，回来时她两颗牙齿有了黑色蛀点，我给她看蛀牙图片，让她听我医生同学的告诫，她晚上就再也不吃糖了。快换牙时，我告诉她不要用舌头去舔，我把自己下排的牙露给她看，告诉她我小时候长牙时觉得好玩经常去舔，所以牙齿就前后不齐，不美观了。我又把别人戴牙套的图片给她看，还去采访戴牙套孩子的感受。长牙时，女儿果真乖乖地不舔。现在她拥有一口整齐好看的牙，她回忆说，小时候可有意思了，偶尔往外舔了牙，吓得赶紧往内舔几下。

忍俊不禁的同时，让我们意识到，体验教育，能让孩子学会自我教育。

小组讨论也得好好教

每门学科，都会用到小组讨论。现在学习共同体盛行，就更需要在小组内合作学习。

一年级孩子会小组讨论学习吗？

有的老师也许会说，一年级孩子真弄不清的，闹哄哄一番，引得孩子告几次状，也没有效果，还是省点心比较好。索性少搞或不搞。

有的老师顶多用一用同桌讨论，动静小一点，效果明显一点，合作能力也不忘培养一点。

有的尽管形式到位了，但效果可能还是有水分的。有的孩子争先恐后，有的孩子冷眼旁观；有的说得太轻，组内人员听不清；有的说得太大声了，影响了其他组；有的不想说，不配合，组长拿不下来就上来告状了；有的说着说着就吵起来了，说不下去了；有的借讨论的名义在谈天说地开小差了；有的觉得当组员不服气，不服组长的管教和安排；有的只管自己说完就好，不听组员的发言；有的讨论得不亦乐乎，但组长上来一汇报却支支吾吾不得要领。花样很多啊。

德法课上，因为《上课了》一文中就涉及小组讨论学习。我打算把这项技能好好教一教。

我先分了四人组和三人组，定好了组长，编好了编号，从一号到四号。

定组长时，我强调要有以下几个品质：会以身作则，领先说；会管理组员，大家一起好好讨论。

有的一年级孩子很想做组长，让他做组员不服气。我申明，会做组员的人才能做组长，组长可以不定期变动。但连组员也做不好，怎么能做组长呢？会服从

辑二
教育循道

管理，也会管理，这样的同学素质才全面。

大家这才安静下来。

先把几种讨论的不良表现用图片呈现给学生，让他们说说哪里做得不好。负面例子毫不留情剖析后，就引导学生想一想小组讨论的规则，众人拾柴火焰高，孩子们各抒己见，在我的引导下得出了一些规定，比如：大家凑在一起说；轻声说，不大声叫嚷；轮流说，一个一个说，一般从1号说到4号，规则熟练后可以随机按顺序说；如果有人说不出，其他人先说，最后让他说；认真听，听清楚，没听清可以让组员重复说一次；每个人都要说；不要吵架，不说闲话等。

要求明确后，我们开始操练。

我抛出了一个问题，绳子有什么作用？

小组里开始凑在一起说。

小徐上来告状了，老师，他们乱说，不听我的。我就下去做四个人的思想工作，把规则重申一下，并严厉申明，这样秩序混乱，评不了优秀小组，得不了五角星。五角星是大事，四个孩子就开始讨论了。

小寿又上来说，老师，小张同学不想说。我又下去了，告诉小张，规则的其中一条是，大家都要说，开开心心说。聪明的孩子有想法，把想法在组里分享出来吧。为了做聪明孩子，小张硬着头皮和大家凑在了一起，张开了紧闭的嘴巴。

讨论完毕，安静下来。我反馈了刚才哪几个小组，大家都能依照规则讨论，哪几个组有各种情况。

我请组长一个个上来汇报，开口要说明，我们组讨论得出，绳子可以干吗干吗。

组长们自然状态百出，有的拘谨胆小，有的只记住了自己的答案。我又引导组员们补充。

大胆汇报，把组员的意见整理好，都是汇报者的要求。这个汇报者，可以是组长，也可以定另外的组员。

最后，根据大家讨论时的纪律和投入程度，以及汇报的质量，我评出了几个优胜小组，每个人奖励五角星。

一轮训练完毕。我们准备查漏补缺，对规则乘胜追击。我又抛出一个话题，回家为自己所爱的人，你可以做什么事？

大家又热热闹闹地讨论开了。

做教育的明白人
ZUO JIAOYU DE MINGBAIREN

　　如法炮制，周而复始。几节课里多次训练下来，孩子们对小组讨论就有模有样了。

　　于是，我就想了，小组讨论，与人交流，是一种素质，也是一种技能。技能和素质，都是我们可以有意引领的。

辑三：沟通智慧

　　沟通是一门艺术，更是一种智慧。良好的师生关系、亲子关系是教育的前提和基础，良好的关系常常胜过许多教育。而和谐关系的建立需要沟通。心理沟通是指相互之间的理解与默契、爱的充分表达与深切感受，是情感的相通与情绪的共振。老师、家长需要以崭新的视角和全新的理念，用心理学的同理心、共情、温暖、理解、换位思考等沟通方法与孩子交流，呵护的孩子心灵，维护其生命的健康成长。

和孩子聊什么

很多初中生家长有困惑，和孩子平时能聊什么呀，好像除了学习就不知道说些什么了。

其实，亲子沟通需要在更早的时间打好基础。需要家长在孩子小的时候，养成与孩子耐心、亲切交谈的习惯，这同时是对孩子进行启迪和教育的最好方法之一。

教育讲究适时性，选择恰当的时间、地点、环境与孩子沟通，效果会截然不同。

比如，当孩子刚上小学，一天中有哪些交流的时机和内容呢？

早晨，可帮孩子调好闹铃，让其准时起床洗漱、用餐。上学路上，告诉他道路安全知识：靠右行，不追逐，不闯红灯，过斑马线要等车辆通过再往前。到校门口，提醒他在学校要与同学主动交流，互相帮助；课堂上积极提问，以愉快的心情投入学习；课后文明玩耍，不在楼梯上奔跑，厕所地面如果湿滑，也要小心慢行；在学校如果遇到困难或危险，要及时向老师求助。当然，家长的提醒可以每天一小点，切忌讲一大通而导致孩子厌烦。

放学接孩子时，观察一下他的情绪状态，如果他津津乐道于学校的生活，您不妨做个好听众，倾听也会让孩子无比满足；若他情绪有些低落，您可以试探性地了解，但不强求孩子即刻告诉你，这时可以给他一个微笑、拥抱，或是一起聊一个愉快的话题，你在意孩子的感受，孩子也会慢慢懂得理解。

到家后，可让孩子估算一下大概需要多长时间完成作业，鼓励他在预定时间里做完。这时候，不要去交谈，不要喋喋不休地去干扰他，让孩子专注地做作业。

做教育的明白人

ZUO JIAOYU DE MINGBAIREN

之后，可以引导孩子整理第二天需要的学习用品及其他准备，千万不要包办。

晚上用餐，切忌一家人在此时集体教育小孩，使其完全处于被教育的孤立地位，不妨引导孩子说说一天中想与你们分享的事情，在他的讲述中家长去用心解读，读出孩子的情绪、状态、交友情况、学习兴趣、品行习惯等，做到心中有数，便于合适的时间更好地引导。

饭后如有空闲，可与孩子一起散散步，这也是亲子交流的极好时机。多让孩子说说学校里有趣的人与事，少问今天有没有得到老师表扬，考试得了几分，孩子的学习不仅仅是为了获得老师的夸奖，也不仅仅是为了取得高分。如果想跟孩子讲什么道理，可以试着用小故事来说明。

当然，一切的交流前提都是建立在双方愉悦的基础上，千万别让自己成为严肃的教育者，您任何时候的表达都要关注到孩子的接收情况，如果他抵触，也许家长应该想办法调整自己了。

曾经，女儿在我任教的学校上小学。平时，无论是上班路上，还是亲子玩耍时，或睡觉之前，我都要竖起耳朵听听女儿说的新鲜事、心里话，一起聊聊班级同学、时事新闻等。长年累月，在融洽有效的交谈之中，孩子的词汇丰富了，知识面广了，求知的欲望强了，亲子关系更融洽了。

亲子沟通中家长还不能忘记引领孩子建立良好的心态，为正面思维和积极情绪做长远的铺垫。

我为了让孩子把快乐养成习惯，积极地看待世界和生活，我们往往是这样交流的：

我：今天（周日）妈妈有五件快乐事，分别是……孩子你能说出三件快乐事吗？

女儿：今天怎么会只有三件快乐事？十件我都说得上来，第一，可以跟朋友玩；第二，可以去骑车；第三，吹笛子时老师表扬我；第四……

"好雨知时节，当春乃发生。"孩子小时候，好好陪伴，好好交流，方能及时发现问题，及时指正，及时引领，并养成良好的亲子沟通习惯，为往后的家庭教育打好良性的基础。

辑三
沟通智慧

怎么说学生才听得进

教师是通过言传身教去影响学生的。除了课堂上，还有很多的育人时刻，需要教师运用到语言。怎样说，学生才爱听，才有教育效果呢？

一、可说可不说时，可否不说

在沟通的要素中，语言占7%，肢体语言（包括表情）占55%，声音占38%，看来肢体语言很重要。

打招呼时，冷淡的一声"你好"，不如微笑着迎上去，握个手；看到小朋友，听到他的问候，例行公事地回复，不如摸摸他的头，对他竖竖大拇指；课堂上，一边上课，一边还想鼓励到有些后进孩子，老师可以用和善亲切的目光注视他们，朝专注听讲的孩子点头表示肯定，或走过去，拍拍肩，摸摸头，表示老师的赞赏。学生会感觉到非常温暖，这样的沟通虽然没有借助语言，却效果良好。

二、孩子做错事，批评的话怎么说

（一）一般来说，我们是怎么面对学生的错误的呢？

1. **责备和问罪**

你怎么又没好好听，这么简单的题目又做错了！

2. **谩骂**

能不能好好用点心啊，太笨了！

3. 威胁

你再破坏纪律，我就把你拉出教室！

4. 命令

你怎么还没收拾抽屉，现在就去！快！

5. 说教

你知道好习惯多么重要。上课不好好听，成绩就没法上去，基础不打好，以后就会学得更吃力。你是不是想好好学习，天天向上？那就要认真听讲呀！

可不可以换种方式，换种语言来表达不同意见？

（二）五个技巧，鼓励学生与你合作：

1. 描述你所看见的，或者描述问题

你真不负责任，老是不关教室的灯——灯还开着。

2. 提示

教室的地上怎么有这么多细纸屑，太脏了，谁干的？——细纸屑应该扔到垃圾桶里。

3. 用简单的词语表达

队伍又歪了，排整齐很难吗？前后对齐，看前面同学的后脑勺。——队伍！静齐快！

4. 说出你的感受

你怎么回事，这个字写得这么难看，存心不想让老师改你的作业吗？——看到不清楚的字，老师很不舒服。

5. 表明你的期望

我希望你今天能把这首昨天拖拉下来的诗歌背出来。

6. 告诉孩子怎样弥补自己的失误

你扰乱自习课纪律，影响了大家，现在需要向大家道歉，并赶紧安静地在位置上完成作业。

辑三
沟通智慧

7. 整合

看看你们的样子,以后别想在教室里过生日了。——过完生日奶油弄脏了课桌和教室地板,看到这脏乱的景象,老师很生气。奶油不是用来玩的,我希望你们能懂事。快去拿来抹布、拖把,把桌子、地板打扫干净。

老师教育学生时,保持平静的情绪很要紧,不指责不呵斥,不人格侮辱,真实地表达感受,说清希望,告诉方法,简洁明了、温和坚定地正面管教,学生也能心甘情愿地和你合作。

家长，请学会好好说话

经常听到家长表达困惑，怎么自己说的话孩子不听呢？随着孩子慢慢长大，对立情绪怎么越来越重呢？

亲子沟通确实是家庭教育中的重点和难点问题。家长是教育者，那么，到底怎么说，孩子愿意听；怎么沟通，孩子能欣然接受呢？家长迫切需要学习沟通技巧、说话艺术。

一、绊脚石沟通

生活中，家长会不自知地出现很多"绊脚石"式的沟通话语，说者往往是条件反射，听者却感觉不舒服。

1. 绊脚石沟通如：

命令——好好学习，赶紧把成绩提上去！

威胁——再这样下去，看我不揍你！

侮辱——你为什么这么笨，成绩老是落在别人后面！

警告——一天到晚玩手机，再这样下去，学习就全完了！

否定——学习不努力，自控力这么差，以后会有什么出息？

比较——看看人家小明，爱学习、爱劳动，多听话。

评判——你就会编理由，骗父母，真是个不要好的孩子。

说教——周末在家，一周的学习情况刚好可以查漏补缺，把有些知识点补上去，再预习一下，你下周的学习不是可以更轻松吗？为什么要把时间浪费在游戏上呢？

辑三
沟通智慧

讽刺——别做梦了，你以为你能考几分？

指责——你需要什么我就给你什么，你这样对得起谁？

这些是孩子最不爱听的话，是绊脚石式的沟通。要么孩子听起来不舒服，心里抵触，不愿意听；要么孩子左耳进右耳出，听了等于没听；要么孩子似乎听了，做出让步，通常也不是心甘情愿的，或迟或早，他们会反抗父母。从长远来看沟通与教育效果都不理想。

2. 绊脚石沟通的话说多的后果

（1）孩子内心有怨言。"父母不理解我。""我妈管得太多了，说的话我根本不爱听。""父母和我有代沟。""他们整天唠叨，太烦了。""我爸妈只关心成绩，根本不了解我心里想什么。""成绩不好只知道批评我，难道我不想好吗？""当我心情很差时，他们不仅不安慰，还不停地教育我。"这些是很多孩子真实的心声。

（2）没有尊重孩子。家长总是居高临下的指责方式，让孩子感觉到自尊受损，无法和家长平等相处。每个人内心最深切的渴望，是被人尊重和信任。孩子也是一样。

（3）能量太低。家长总采用负面的评价方式，只讲学习，关注分数，互相攀比，孩子表现不好就埋怨、指责，不接纳、不理解，孩子内心就会被恐惧、焦虑的负能量占据，学习的动力就会不足。

（4）没有了解孩子的需求。根据冰山理论，孩子的行为和应对方式只是我们看到的，还有看不到的是冰山下的部分，包括孩子的感受、期待、渴望。家长自说自话，孩子感觉自己不被理解，渐渐对家长失望，家长的话也慢慢失去威信。

那么，让我们家长一起来学着好好说话，把话说到孩子心坎里去，取得良好的教育效果。

孩子做错事，批评的话怎么说

1. 方法一——三明治语言法

顾名思义，就是先说表扬的话，再提出不足，最后来几句肯定的话，让孩子听起来更能接受一些。如想提醒孩子听课不够认真。

做教育的明白人

家长这样说：孩子，今天你一回家就赶紧做作业，抓紧时间，挺好；中间没控制住自己，房间里进出好几次，作业不够专心；但后来还是能较快完成作业，还收拾了房间，不错。明天保持好的，改正不足的，加油。

举例二：这篇作文内容真实，语言流畅，稍稍不足的是重点部分需要再花点笔墨，但文章的通顺性、生动性已大大进步了。你再改改吧。

2. 方法二——简明语言法

就是家长用简单的词语表达、提示，不指责，不唠叨，言简意明，干脆利落，效果良好。

比如：

"你总是不长记性，出门忘带钥匙，还忘带自己负责丢弃的垃圾。"可以换成这样说——拿上钥匙、垃圾，快！

简洁的话，孩子明确了要求，能马上行动。

3. 方法三——赢得合作五步法

关于孩子玩手机、玩电脑、做家务、使用零花钱等问题，需要涉及家庭规则，可以和孩子商量着决定，孩子觉得你尊重他，能表达自己的想法，他就愿意听你的，和你合作。

这五个步骤如下：

a. 讨论孩子的感受和需求。
b. 说出家长的感受和需求。
c. 一起讨论，找出亲子都同意的解决方法。
d. 把所有的方法都写下来。
e. 挑出哪些方法亲子都接受，哪些不接受，哪些需要付诸行动。

比如玩手机、电脑的规则，可以这么处理：

先讨论孩子的感受和需求——比如孩子会觉得放假时玩玩也正常，游戏有吸引力，哪个孩子不愿意玩？再说父母也经常捧着手机，没什么大不了，父母何必老生气呢。没有朋友一起玩，想在手机上玩一会儿游戏，想看看动画片，想和同学聊聊微信，想在学习之余放松一下也理所当然吧等。

辑三
沟通智慧

说出家长的感受和需求——比如家长觉得孩子玩的时间过长，不听劝阻，很生气；手机、电脑看得过多，对孩子眼睛不好，很担心；孩子学习容易分心，对学习更不上心，家长很着急；没有好好利用闲暇阅读好书，浪费了时光，很担忧等。

大家坦诚交流后，一起讨论解决方法——比如制订好学习计划，规划好时间，严格遵守时间安排，学习时认真专注地学习，每天看看课外书，平时不玩电子产品，放假日每天玩游戏的时间不超过一小时，时间一到马上交还手机给家长或关闭电脑，超过时间就适当扣除第二天的时间，父母以身作则在孩子面前少玩手机等。确定后就按方案不折不扣执行。

教育，就是把孩子当主角，尊重孩子，平等地对待孩子，孩子接收到这份心意，就愿意和你合作。

4. 方法四——爱的语言三步法

爱的语言三步法，指的是这样三步：描述事实、表达感受、说明期望。

概念一：什么叫事实？

事实就是你看到、听到的，是真实存在、真实发生的，事实面前，孩子会服气。

"你总是拖延、忘事儿。""你老是开小差，不认真。"这不是事实，可能孩子一天里忘记了两次事情，这是事实；但说他老是忘事儿，这就是你的主观评判。孩子一节课里出现四次开小差不认真，这是事实；但说他总是开小差不认真，就是评判。评判孩子的性格和人品，侮辱了孩子，容易制造对立，影响亲子关系，也影响沟通效果。

"我们应该做有责任心的人。""我们要好好学习，长大后要有出息。"像这样脱离情境的讲道理是说教，也不是说事实。

概念二：什么叫感受？

感受就是你的感觉、心情。比如开心、高兴、欣慰、自豪、难受、伤心、生气等。说感受能够让孩子与你产生情感连接，引发共鸣。

[举例一]看到试卷上78分这个数字，妈妈很难受，也为你担心。我希望你好好分析试卷，寻找问题，查漏补缺，下次能进步。

描述事实：看到试卷上78分这个数字。

表达感受：妈妈很难受，也为你担心。

说明期望：我希望你好好分析试卷，寻找问题，查漏补缺，下次能进步。

做教育的明白人
ZUO JIAOYU DE MINGBAIREN

[举例二]听到老师说你欺负了同学，妈妈很生气。我希望你说清来龙去脉，知错就改，主动跟同学道歉。

描述事实：听到老师说你欺负了同学。

表达感受：妈妈很生气。

说明期望：我希望你说清来龙去脉，知错就改，主动跟同学道歉。

会沟通的家长真实地描述自己看到听到了什么，感受到了什么，以及期待什么。针对问题，而不针对人。表达的是"我怎样"，而不是指责式的"你怎样"。家长可以生气，但决不侮辱，这样孩子就不会反感，就愿意跟着家长走。

孩子表现好，表扬的话怎么说

教育家说过，人性最本质的渴望是得到欣赏和赞美。从马斯洛的需求层次来看，就是渴望得到尊重。从人性的三要素即物质性、社会性、精神性上检视，是每个人渴望在精神层面上被人看见和支持。

赞美的重要性不言而喻。

如何更好地赞美孩子呢？在此支上几招。

一、赞美时可以表达感受

我们试着用"爱的语言三步法"来赞美，核心是必须表达感受。结构为：描述事实——表达感受——正面评价。

感受就是你的感觉、心情。赞美时基本表达的是正面感受，如开心、高兴、欣慰、自豪、激动等。

[举例一]你今天耐心地给弟弟喂饭，妈妈很高兴，你对弟弟很关心，做好了哥哥的榜样。

描述事实：你今天耐心地给弟弟喂饭。

表达感受：妈妈很高兴。

正面评价：你对弟弟很关心，做好了哥哥的榜样。

[举例二]你很快完成了作业，字也写得很漂亮，爸爸十分欣慰，你学习态度很端正。

辑三
沟通智慧

描述事实：你把作业很快完成了，字也写得很漂亮。

表达感受：爸爸十分欣慰。

正面评价：你学习态度很端正。

[举例三] 你今天做家务时抢着拖地、倒垃圾，爸爸妈妈都很高兴，你不怕脏不怕累，爱劳动，有家庭责任感。

描述事实：你今天做家务时抢着拖地、倒垃圾。

表达感受：爸爸妈妈都很高兴。

正面评价：你不怕脏不怕累，爱劳动，有家庭责任感。

这样的赞赏，随时随地，既是看见，更是引领，孩子会变得越来越棒。积极地寻找孩子做得好的细节，赞赏和鼓励孩子是需要家长付出耐心和努力的。

二、赞美时可以说明原因

我们还可以用这样的赞美三段论，即：看到的事实——原因（背后的努力）——对我们的影响。

[举例一]

今天你数学考了 90 分，真棒（看到的事实）——最近你认真听讲，不懂就问，并进行了细致的复习，学习做到了积极与主动，所以进步不小（原因）——你对自己这样认真负责的态度让我们感动（影响）。

[举例二]

听老师说，你们这次的小组汇报很精彩——可以肯定，你们在背后收集了大量材料，一起经过了多次商量与讨论，才有这样的出色展示——你们的用功态度和合作精神值得大家好好学习。

[举例三]

儿子，你可真厉害，居然从三个方案中找出了最简洁的解题路径——可见你平时就很爱动脑筋，善于别出心裁——这可真是个思路，我也受到了启发。

另外，孩子小报做得好，孩子成绩有进步，运动会上取得好名次，孩子很乐于助人等，家长您会怎么表扬，可以试试。

这样去夸奖，不仅看到了孩子表面的进步，也挖掘了背后的努力，做到了深层次的"看见"，让孩子感觉到很自豪。

三、赞美时可以反问对方

用反问的方式可以直接砸晕对方。比如：你又聪明又能干！是不是比较平常的赞美句式？如果加上一句反问：不是你又是谁呢？或者：你是怎么做到的？对方本来一心想着如何回答你的问题，却发现根本是无疑而问，无须说明，哑然失笑又喜不自禁，峰回路转下的赞美效果比较好。再举几例。

[举例一] 孩子，你作文写得这么好，说话又这么有礼貌，关键还那么阳光，你是怎么做到的？

[举例二] 为大家做事任劳任怨，遇到困难勇往直前，每天笑口常开乐观无敌，不是你又是谁呢？

[举例三] 既是家里的开心果，又是妈妈的贴心小棉袄，不是我家宝贝女儿又是谁呢？

听到这样的赞美，哪个孩子不会喜上眉梢？当然，这里有一份幽默和调侃，孩子开心，亲子关系也很轻松融洽。

四、赞美时可以寻找多个切入点

拿什么赞美孩子呢？有很多家长往往找不到点来夸孩子，特别是成绩不怎么样的孩子。

可以赞美努力——你肯定为它付出了努力！

可以赞美坚毅——做奥数题尽管很难，但是你一直没有放弃！

可以赞美态度——你做事情的态度真的很端正！

可以赞美细节——你写字的姿势正确多了！

可以赞美创意——你想出的这个方法确实与众不同！

可以赞美合作精神——这次出黑板报你和小伙伴合作得真棒！

可以赞美领导力——这次假日活动你负责得很好！

可以赞美勇气——拓展训练时你一点都不怕困难，真勇敢！

可以赞美条理性——你把几门学科考过的试卷都整理得井井有条！

辑三
沟通智慧

可以赞美信用——我相信你，因为前几次你都说到做到！

……

我们要善于用火眼金睛去发现闪光点，孩子不是没有优点，往往是我们缺少发现优点的眼睛。

五、赞美要公开

赞美孩子最好在公开场合，比如当着老师、全班同学或者家人的面，场合越公开，赞美产生的作用越大。

智慧的老师会用上这样一招，哪个孩子有很好的表现或比较大的进步，会给孩子一个特别的奖励，比如，在合适的时间，当着全班同学的面，拨通孩子家长的电话，送上郑重的表扬。让我们学一学。

[举例一] 老师说：××妈妈，我当着全班同学的面，跟你道个喜，你家××最近学习态度特别好，上课认真，举手也很积极，不开小差了，字也越写越好，不懂会主动地问，仿佛一下子成了一个负责任的小男子汉。下课很愿意为班级做事，检查卫生、及时整理，也乐意帮助同学们。为他的进步喝彩，也为你们良好的家教点赞。

再看家长的做法。外公外婆来做客，妈妈表扬大孩的表现。

[举例二] 爸爸妈妈快来看，你家大外孙可棒了，做哥哥做得可负责了，自小妹妹出生后，会认真主动完成作业，不让我们操心；会帮爸妈做家务，会照看小妹妹，逗妹妹乐，还给妹妹换尿布呢。

[举例三] 奶奶在楼下对着邻居夸奖孙子：看看我家小孙子，奶奶从菜场买了菜，孙子马上帮我来提篮子，怕我这老骨头累着。

大家就会纷纷夸赞孩子孝顺。孩子得到良性反馈，下次更愿意这样做了。

[举例四] 一群同学到家，妈妈也愿意在集体面前赞美孩子，给孩子贴个好标签，妈妈说：你们在说强强的房间干净呀，我家强强在家可爱劳动了，自己房间都是自己收拾的，还帮我们烧饭做菜、洗碗拖地呢。

你可以想象，强强此刻的美丽心情。

公开表扬，孩子自豪，家长开心，大家祝福，这样的赞美能量大大的。

六、赞美要及时

赞美要及时，在对方正确行为发生的当下，送上赞美，以强化孩子的行为。

假期里，家长看到孩子桌上特别整齐，抽屉也比平时有序很多，妈妈马上对孩子做出表扬，并提出希望：相信孩子会保持下去。

七、赞美时可以有肢体语言

赞美时，可以伸出大拇指，可以和孩子击掌，可以轻拍孩子的肩膀，轻抚孩子的头，可以给个热烈的拥抱，甚至可以一起手舞足蹈。

孩子作文写完了，家长和孩子一起手拉手跳一跳，嘴里喝彩：真棒呢，生动的作文写成了，我们就是个小作家呀，向小作家学习学习再学习，小作家还要进步进步再进步！

肢体语言可以让孩子感受到来自家长的爱，孩子会特别开心，也特别喜欢童真孩子气的父母。

打破原有的语言习惯，睁大寻找优点的眼睛，勇敢赞美孩子，家长，您试试呗。

孩子暂时落后，鼓励的话怎么说

当孩子考不了好成绩，当孩子学习上遇到困难，当孩子很努力还是看不到很大进步时，大人孩子都会很沮丧，孩子会很没有信心，会自卑。这时候，父母如何平衡心态，真正鼓励到孩子？

1. 无声胜有声，让家成为温暖的港湾

如何让家成为孩子温暖的港湾？

首先，港湾里有温暖的人，给予慈爱。

父亲如高大的山，母亲如温柔的水。当孩子遇到困难，父亲及时帮助和指导；当孩子遇到委屈和失败，母亲及时安慰和支持。父母温和亲切，循循善诱，让孩子感受到爱和温暖。

第二，港湾如温暖的怀抱，给予接纳。

哪怕孩子成绩不理想，哪怕孩子各方面很平庸，哪怕孩子无法成名成家，父母永远坚定地站在孩子身后，默默爱着孩子。家如温暖的怀抱，就是少唠叨少指责少挑剔，直接用行动接纳在外面闯荡回来的孩子。接纳孩子的现实，接纳孩子

辑三
沟通智慧

的情绪,给孩子的情绪一个出口,看见他的辛苦和疲劳,原谅他的暂时落后。就像远航而归的船只,收成不多,船身空空,舵手情绪不佳;就像打了败仗归来的将士,垂头丧气,斗志消失。家,都如其所是,只敞开胸怀迎接他们。

2. 积极赋能,让孩子充满信心

船舶归港,需要加油,补充能源。孩子也一样,渴望在家里补充能量。给孩子赋能,就是帮助其增强信心、提升意志,让其有激情和力量去重新出发。

怎样赋能?鼓励、支持、信任就是。

——你很棒,你已经努力过。

——不愧是我家的孩子,真有上进心。

——我们一起努力,超过之前的自己一点点也是进步。

——这次虽然不够理想,但你尽力了就行。

——这次表现很棒,能咬紧牙关坚持,奖励一下。

——你要相信自己,你一定可以的。

——放手去做吧,我们是你坚实的后盾。

——我们永远爱你,永远在你身后。

……

这样的语言是孩子最喜欢的。父母对孩子及时表达理解与接纳、关心与支持、包容与呵护,用语言、行动为孩子赋能,孩子才能充满能量、信心满满、勇往直前。

亲子沟通的关键还是在于父母。美好的话语不仅仅让孩子从父母那里得到力量,父母也能感受到孩子温暖的回馈。

愿我们家长和老师都不断学习,都能成为亲子沟通的高手。

做教育的明白人

ZUO JIAOYU DE MINGBAIREN

嘴里带蜜还是嘴里带毒

如果把我们的学生在学校求学比作在花园里漫步,那必定是希望闻到花香鸟语,看到姹紫嫣红,而不会希冀杂草丛生,毒蛇出没。

如果把我们的学生在学校求学看作是水中漫游,那必定是希望风平浪静,心旷神怡,而不会希冀礁石丛丛,浪涛滚滚。

孩子们在学校读书,接受各科知识,培养各种能力,学习各类规则,完善心理素质,感受求知快乐,锤炼情商,砥砺志向,无论家长还是学生,都希望孩子们在学校度过的是一段虽然辛苦却十分愉悦的时光。

学习肯定是艰苦的。不吃苦,就没有知识的积累和各种能力的提高。可愉悦,往往更多的是表现在对学习质量的满意,同学之间、师生之间的交往融洽。

要提高学生对学校的满意度、愉悦度,就不得不提师生间的沟通,说到教师的语言。

老师的嘴是有魔力的。如果像阳光,普照大地,则温暖如春,万物灿烂;如果像狂风,无情骄狂,则小苗灭顶,一片狼藉;如果像蜜糖,入口即化,则甘甜怡人,回味无穷;如果像尖刀,所到之处,则伤痕累累,痛苦不堪。

我们的嘴,应该成为什么?

一、做嘴里带蜜的老师

例一:210班,问好后,我表扬全班学生坐得端正,教室里干干净净。小娄同学后面的小纪叫起来:楼老师,你看看小娄!

辑三
沟通智慧

原来,小娄把桌子椅子往后面拉,小纪也只能往后面拖,但大家没动,小纪位置就挤了。我对小娄说,来,快移上来。小娄与往常一样执拗地辩解:我第一排是对牢开关的,是旁边的人位子拉得太高了。

这时我下意识可以这样说:你总是这样顾自己!你这样是干扰课堂纪律!别不听话,赶紧拉好吧!我们心中要有别人,后面同学坐不了了!你看,大家都坐得端端正正了!

像这样,都是指责、比较、评论、命令,即使孩子接受批评,做出让步,通常也不是心甘情愿的,心里并不痛快。

但我运用了非暴力沟通,我说,小娄,老师看到你把桌子椅子往后拉,你记住了冯老师教过的规则,但你看,我们要开始上课了,你却开始对桌子,小纪也不能舒服地坐了,老师有点不高兴。我需要同学们现在安心上课而不是一齐对桌子。请你拉上来,可以吗?我们可以等你几分钟,我们先上课。

过了几分钟,我走过去,和小娄示意一下,轻轻把她的桌子往上移,她心平气和地把凳子也跟着往前拖。

在这里,老师看到事实,表达感受,提出了需要和请求,非暴力沟通法顺利地达成了目的。

例二:老师给二年级孩子们发新书,发到最后这个同学时,书发完了,孩子哭起来。

可能性急的老师会说:"哭什么哭呀,都二年级了!又不是什么大不了的事,急什么?今天没有,明天会有的。"

但这位老师是这样说的:"我知道你一定感到很失望,你在热切地等待着自己的新书,但是书差一本,没发到你。老师下课就去总务处看看,让你尽快得到新书。你稍做等待好吗?"

在这里,老师没有生硬地否定和指责,用温暖的话语安慰了孩子,孩子马上平静下来,被关注到、被关心到的感觉很温馨。

当老师与学生沟通时,能这样控制情绪,尊重学生;陈述事实,说出感受;理解学生,表达共情。学生往往也能做到情绪稳定,心情平静,和老师好好合作。

二、不做嘴里带毒的老师

嘴里带毒的老师常常用尖刻、生硬、冷漠的语言对待学生。

做教育的明白人

ZUO JIAOYU DE MINGBAIREN

确实，学生惹老师生气的事情实在太多了——不完成作业、作业乱做字乱写、上课不认真听讲、经常小说小动、存心捣乱、下课欺负同学、吃饭、排队吵吵闹闹、不爱学习、成绩总是不进步……

于是，这样的语言是不是不陌生？

下次再这样，通知你家长来校收拾你；你连这点小事都办不好，你父母简直是白养了你；我教了这么多学生，哪个劣娃我没有收拾下来，你算什么；你怎么搞的，这么简单的题都做不出；你为什么不动动脑筋，这么容易的一件事，你搞得这样糟；老师说了几十次了，还弄不清楚，你不长耳朵吗；老师的话你们都当成耳边风；检查、督促不力，当什么班干部嘛；经常偷懒，不完成作业，以后会有什么出息；上课吵闹，每次都有你的份，存心来学校捣乱的吗；一张馋嘴，乱扔乱丢，一看你就是个不文明的学生；你什么都不懂吗？是不是要回到一年级再重新学过；你就会编理由，你骗得了父母，你骗不了我；你就是个不要好的孩子。

嘴里带毒的语言包括侮辱性、恐吓性、讽刺性、指责性、埋怨性、夸张性、贬低性、武断性、揭短性语言等。这些语言有的虽是教师"恨铁不成钢"的一时冲动，是"爱之深才恨之切"，是像父母一样的苦口婆心，但也要考虑到，经常说这些语言，可能会给学生造成不同程度的精神、心理影响，从而与教育的初心适得其反。老师自己也往往说了后悔，影响了心情，甚至还激化了和学生的矛盾，导致了工作的被动，也是得不偿失。

我们确实需要不断地改变课程内容和教育方法，但不可否认的是，教育中很多问题源于师生关系。一位老师如何与孩子交流，具有决定性的意义。它影响着一个孩子的在校生活是好，还是坏；是开心，还是沮丧。

在某种程度上可以说，关系就是教育，关系胜过一切。对师生，对亲子，都是一样的。

辑三

沟通智慧

怎么跟家长联系

假期里闲谈,一位公办学校家长说到教子困惑时,发了牢骚,她说:"我儿子的班主任,教两年了,从来没有主动给我们家长打过电话,我难得打过去想问问情况,却被三言两语应付了,没见老师对我儿子有多关心。"

听家长愤愤不平的语气,我劝她说老师要面对几十名孩子,不可能面面俱到,还是要家长自己多上心,多与老师主动沟通,并真正地协同教育,对孩子有帮助,让老师有信心。

我想到,我们学校要求老师每学期必须主动与家长交流两次以上,包括期中和期末,有效地与家长沟通自然是班主任的基本功。公办学校老师为提高教育效果,也有必要多和家长沟通交流。

跟家长联系,有经验的班主任倒是可以说出不少方法,但年轻班主任往往觉得一个头两个大。其实,跟家长联系得好,可以有效汇聚力量,对孩子施加良好的教育,这个效果往往是事半功倍的。

那跟家长联系要注意什么呢?

一、联系什么

班主任联系家长,聊的当然是孩子。家长最关心的肯定是孩子的表现、孩子的成绩。为了使联系有的放矢,老师事先要做好功课。

比如,可以建立一份学生档案,及时登记好每位孩子近期的课堂表现、学习态度、作业情况、成绩的进退等。若是主动和家长联系,可以事先翻看一下孩子的各方面记录，做到心中有数；如果是被动地接受家长的询问，在办公室也可以马上调出档案，说出之乎者也，而不会支支吾吾应付了事。

还可以将上一次联系家长后，孩子在近期的进步情况反馈给家长，肯定家长在这段时间内的付出和用心，及时鼓励到家长，并告诉家长下一阶段老师的设想和需要家长配合的地方。

与家长站在同一战线上，做出规划和部署，让家长看到目标和希望，细化行动，家长也会迈步跟上。

当然，除了课堂表现、作业、成绩方面的情况，还可以跟家长说说孩子在非智力因素方面的表现，比如有礼貌、遵守纪律、懂得感恩等，并关注到孩子在校的交友情况，引导家长一起来重视孩子全面素质的培养。

二、怎么联系

对于成熟的班主任，和家长联系自然是轻车熟路、手到擒来，把握谈话方向，控制谈话的内容，取得沟通的效果。

但对于年轻的班主任，和家长联系，是一个慢慢熟能生巧的技能，既然是技能，那就有方法，可以提前准备，可以反复操练，逐渐变得老练和周到。

比如，联系家长前，可以事先在纸上打好谈话内容的草稿，或简单列几个要点，甚至可以对着手机录个音试讲一下，都有助于把握谈话的主题，掌握谈话的时间，做到胸有成竹、言简意明。

和家长联系时，建议讲清这样几点：一是回顾，说说上次沟通中提出的问题，和达成的共识，看看孩子在哪些方面已做到，哪些方面还需要家长配合；二是表扬，找几个点说一说孩子这段时间的进步，肯定孩子的努力和家长的重视；三是建议，指出孩子哪几方面还需要加油，并给出改进的方法和措施，且邀请家长继续一起出力；四是恳请，请家长对自己的工作真诚地提提意见和建议，以一起更好地教育孩子，取得进步。

三、何时联系

如果是家长主动来联系，老师可以提前告知家长自己哪个时间段有时间接电话。

辑三
沟通智慧

若是老师主动联系家长，可以先微信提前告知家长，哪个时间段有空，需要多少时间，比如10分钟左右，让家长提前安排好工作，也让沟通显得更为郑重。

和家长联系时，建议使用电话，显得更为正式不说，也避免微信里洋洋洒洒、连篇累牍、浪费时间、重点不明。

您在和家长有效沟通方面，有什么成功的经验呢？

如果您是家长，您和老师又有什么好的沟通经验呢？

做教育的明白人
ZUO JIAOYU DE MINGBAIREN

知己知彼　百战不殆

用这个题目，聊的是家校如何有效沟通的话题。为什么用"兵法"的概念？

无论在公办学校，还是在民办学校，说起和家长的关系处理，很少有人会说胸有成竹、毫无问题。大部分时候可能风平浪静，但有时也危机四伏、如履薄冰，当然，民办就更甚。

老师和家长是同一战线，为了孩子，应该精诚团结；可是一旦孩子这个利益纽带被碰触，家长又很可能出言不逊，朋友很容易就变成了敌人！

兵家之道，重在知己知彼。思前想后、慎重出手才能百战不殆。

一、知彼，了解家长的心理

我们要了解家长最关心的事是什么？普遍是孩子的学习成绩，孩子的身心健康，孩子在校是否受到老师关心。

有的家长难沟通，他们有哪些心理？拿民办为例。

1. 应该心理——花了这么多钱送到民办学校，应该有好的待遇。

2. 迁怒心理——社会上碰了壁，受了气，心里憋屈；或者工作上受阻，生意上挫败，心里窝火，这时若孩子没被老师好好照顾，则气不打一处来。

3. 放任心理——反正孩子交给学校，可以放心了，让老师去管，自己不用操心了。

4. 失望心理——到民办学校肯定会被教育好，怎么还会只有这点成绩？怎么还会说脏话？

辑三
沟通智慧

5. 不信任心理——年轻班主任没经验，教育不好。
6. 焦虑心理——一年级必须打好基础，现在孩子落后了，怎么办？
……

二、知己，审视自己的风格

（一）审视自己的性格特质

1. 自己的个性——是清高、冷淡、自以为是？是急躁、强势、控制欲强？还是随和、大度、比较包容的？
2. 自己的情绪状态——容易冲动，难以控制情绪，还是自制力很强，细致周到的？
3. 自己的心态——是阳光、积极的，还是容易抱怨、懊恼的？

性格和状态会决定行为，很多沟通的困惑是否主要来自自己本身，如果有这份觉察，工作就会明确一些方向。

（二）反思自己的言行

教师在工作中，要反思自己的语言行为有没有留下让人诟病的把柄。比如，业务能力是否不够强，有没有胡乱说话，有没有考虑不周，是否失去公允，有没有态度不好，等等。

拿生活老师屠老师举例，开学第一周，她睡在一年级的学生宿舍里，哪个学生晚上哭了就抱着谁，直到柔声安抚好为止。家长表示感谢送来礼物，她坚决不收。平时工作认真严谨，负责有爱心，又不亢不卑公正无私，哪个家长不佩服？哪怕出现点小失误，家长一般都不会上纲上线来指责埋怨。

（三）青年教师与家长沟通问题上的普遍做法和心理

青年教师走上工作岗位时间不长，在家校沟通中往往还无法游刃有余。普遍做法：

1. 胸有成竹

这些老师比较难得，胆子大，底气足，成长很快，对人性把握比较老到，年纪轻轻就情商很高，很会沟通。

2. 就事论事

成绩出来了，就汇报一下；家长来问具体事情，就回答一下；孩子在校出了点状况，就沟通一下。

3. 按兵不动

特别是非班主任的年轻教师，家长不来询问，就不主动出击了，多一事不如少一事。

青年教师在家校沟通问题上的普遍心理：

1. 害怕

周围的案例，同事的吐槽，似乎不断在提醒新教师，社会太险恶，家长太难弄。说到家校沟通，就心里发怵，莫名恐慌。

2. 尴尬

主观意愿也想沟通，但除了汇报成绩，不知说些啥。有些孩子成绩不够优秀，进步不大；有些孩子处在班级中游，平时不声不响，老师不知跟家长去交流什么。

3. 为难

有的青年教师作为任课老师想跟家长沟通，班主任怕青年教师捅娄子，引起不必要的误会；青年教师怕自己嘴上无毛办事不牢，给班主任增加负担，所以左右为难。

4. 心虚

青年教师除了成绩汇报，也很想多方面引领家长，可总觉得阅历不够，思考不多，底气不足，无从下手。家长有困惑想寻求解决方法，教师想帮忙指导也力不从心。

5. 厌烦

有些青年教师觉得家长很烦，把沟通看作是痛苦的事。

6. 逃避

有些青年教师觉得家长难对付，惹不起，躲得起，尽量不跟家长打交道。

知己知彼后，我们来学学招数。

辑三
沟通智慧

三、出奇制胜，百战不殆

（一）未雨绸缪类

1. 先下手为强

良好的开端是成功的一半。一开学，适当了解了学生和家长后，要真诚委婉地告知家长自己的处事风格，家长应该共同遵守的一些规范。

关于微信回复，有老师这样告知：家长朋友们，跟大家说明一下，老师白天比较忙，可能会没有及时看到您的短信，晚上有空会回复您；因为老师们要上课，要备课改作业辅导学生，为是把大家的孩子教育得更好，请相信，我们的目标是一致的。所以如果不那么迫切的问题没有得到及时答复，请您理解和包涵。

微信群的管理规则要提前申明；新接手班级，跟上一任老师明显不一样的做法要跟家长及早说明，以免后面的工作产生被动局面。

2. 事前诸葛亮

开学、周末放假、期中考试、期末前，早早通知相关事项，让家长有个数，大家都能更从容应对。

有一个班级，这学期新换了语文老师，期中考试语文试卷量大题难，学生分数普遍不漂亮，90分以上只有两个学生。有个女孩子平时语文成绩很好，这次考88分，其实横向比较也在前五名，并不差，但老师没及时告知家长们试卷的难易情况，女孩家长以为自己孩子成绩滑坡厉害，代表十几位家长来投诉，表达对语文老师教学水平的质疑。如果老师能事前诸葛亮，了解家长对新换老师的观望和不信任心理，平时多做沟通，增进了解，期中考试前及时告知，或考完后及时通报试卷的难度，就可以让家长提前有心理准备，减少不安全感，消除不必要的矛盾。

3. 有的放矢

为了使家校联系有的放矢，老师事先要做好功课。

接手班级时找家长或原来的任课老师聊聊，了解学生的相关信息；课余时多找学生聊聊，了解孩子各方面的情况，掌握孩子的心理、情绪状态；可以建立一份学生档案，及时登记好每位孩子近期的课堂表现、学习态度、作业情况、成绩进退、品行表现、各科学习等；和家长联系时，可以事先翻看孩子各方面的记录，做到心中有数，让交流更有针对性。

4. 施其所求

给予家长所需要的。家长需要什么？他们想看到老师很关心自己的孩子，老师的业务能力很强，老师的心态很好。这样，孩子放在学校才放心。

所以，老师呈现出来的形象很要紧。这就涉及老师怎么发家长群？怎么发朋友圈？

家长群里可以发发近期或这一个大周，班级的主要学习、活动、进步表现、老师们共同的努力等，可以用文字，也可以用照片或小视频，让家长们看到老师的努力和孩子的成长。

疫情期，家长进不了学校，有的老师会定期在朋友圈发布学生在校学习、活动、吃饭、就寝的照片，以解家长思念之苦，但不要遗漏任何一个孩子。有个家长曾笑说，老师发在朋友圈的我孩子只露半张脸的照片，我看了不下十次。

朋友圈的学问其实不少，从发的信息可以看出老师的心态、品行、性格、生活状态、工作状态、价值观、教育理念等。所以，家长面前，要慎重对待朋友圈，可以发发学生们的近况，表达你的爱心、用心、细心、耐心、责任心，不要发抱怨工作、抱怨学生的话语。家长希望看到老师是积极的、正面的、阳光的、有爱心的。同时你的形象也是学校的形象。

5. 换位思考

换位思考，也就是同理心，也叫作社交智力。试着把自己的观点放在一旁，去理解别人的立场，试着理解别人的心情和情绪感受，也试着理解别人的需求和愿望。

现象：一年级家长一天到晚看教室监控，教师很苦恼。

换位思考：对老师，家长们充满好奇，总会多留心你的工作；孩子刚上一年级，家长也刚成为小学生家长，很新鲜；教室监控也是刚接触，一切都是新的，难怪他们关注时间长，关注的点比较多。

家长的素质参差不齐，情绪控制能力也不一样。有些家长很冲动，遇到事情容易跟老师较真，出言不逊。如果老师能用慈悲的心去体恤他们，理解到他们可能生活压力大，可能遇到不开心的事了，也可能是对孩子恨铁不成钢，恨乌及屋，

辑三
沟通智慧

老师就会心情平静很多。

学会换位思考，教师会更好地理解家长，也能更好地解读事情的本质，有助于保持豁达的心态。

6. 不给把柄

教师要关注细节，在与家长接触时，在教育孩子时，要从严谨出发，不让工作的疏忽大意给家长留下挑剔指责的把柄。

2020年12月12日，学校举行家委会议，一天时间，家长除了会议、参观外，还需要进班听两节随堂课。听课，不只是听课，也是家长对学校、班级的学习、卫生、纪律、师生面貌等的一次综合观察和评估。疫情期间，广大家长止步于校门口，家长代表第一次进校进班，他们非常关心孩子们的在校情况。

于是，学校领导、班主任以及其他教师高度重视，抓好细节，包括班级的美化净化，东西放置，学生的生活和学习习惯，学生的衣着等，任课老师对相关学生的各方面表现会备个课，做到心中有数，能及时应对。

教师教学有方，育人有法，对孩子有爱，班风学风良好，家长亲眼所见，满意了，后面的家校矛盾就少多了。

7. 养兵千日

"台上一分钟，台下十年功。"教师要能在家校沟通中百战不殆，需要在背后做更多的功课，打有准备之仗。

了解孩子——通过各种方式了解孩子，做到主动不被动，让教育更有针对性。比如找幼儿园老师，找原任课老师，访谈孩子和家长，问卷调查等，掌握第一手资料，学会分析每个孩子的现状和特点。

了解家长——通过开学谈话，通过平时沟通，了解家长的期待、对孩子的认知、平时的教养方式、家长的性格特点等，为优化家庭教育和家校合作打下基础。

修炼自己的心态——人生的差距在于状态，保持对自己的觉察，克制自己，修炼自己。积极学习，增强能力，提高自信，最终让自己状态更好。

提升沟通能力——看书、学习、实践，提高情商，习得语言表达技巧，提升语言表达能力，增强沟通水平，这也是需要付出长时间努力的。

做教育的明白人

（二）直面矛盾类

1. 同仇敌忾

这里的"同仇敌忾"指共情家长的情绪。当家长带着情绪来反映事情，当家长的情绪感受未曾处理，谈事情细节不会有效果，只会让家长的情绪更大。及时共情，表达理解，承认过失，然后峰回路转，再进行适当的解释说明，家长情绪平静了也才听得进去。

例如，家长在老师的朋友圈看到全班孩子中午就餐的照片，马上气呼呼来质问老师：怎么没有我孩子的照片？

老师立即意识到自己有不周到的地方，回应道：是的是的，您肯定有些失落，我疏忽了，赶紧补上。等家长情绪平静了，不好再说什么，老师再说明：老师工作多，千头万绪，若有遗漏，请多多包涵。

2. 缓兵之计

当家长对老师的工作有意见，情绪冲动地打来电话，这时建议老师不要在电话里过多争执解释，对方处于情绪激烈之时，听不进解释，而且只认为自己有理，不会为你考虑。老师可以说当下正在忙，过十分钟打过去，以给双方冷静的时间，也给自己梳理事情、寻找对策的机会。

3. 学会倾听

如果我们希望自己成为一个善于谈话的人，就先做一个善于倾听的人。

因为特殊时期，家长进不了学校，很多时候老师与家长需要通过电话、微信的语音或文字进行交流，这时候，语音语调语气都是特别需要注意的，倾听的诚意也很重要。

家长来电或微信里阐述，先不要急着用语言辩驳，先认真倾听，用"嗯""哦"等词积极回应。一是表示对家长的尊重；二是分享情绪，再分享事情；三也是给自己思考的时间。

4. 非暴力沟通

《非暴力沟通》这本书说到有效沟通的四步，即说事实、说感受、说需求、说希望。

非暴力沟通注重就事论事，从看到听到的事实出发，诚实地表达感受和需求，

辑三
沟通智慧

往往能说到对方心里去。

例如，一学生数学平时能得 80 多分，期中考试只考了 60 分，一知道成绩，家长就很生气地打来电话指责，认为老师没好好教。

老师是这样运用非暴力沟通语言的：孩子这次确实考得差，我们都很意外，家长您很生气，来质问老师，我也很委屈，很难受，同时为孩子担心。我理解你的心情，同时也需要家长您的尊重，希望您冷静下来，听我们一起来分析孩子考得差的原因，然后家校一起来施教。

（三）高位引领类

1. 功在平时

有些家长的育人观念不对，育人方法不好，需要有人引导他们怎样更好地做家长。老师可以推荐一些学习平台和育人书籍，可以时常在家长群转发些家教知识，可以引导家长一起读某本家教书籍，有感触的句子可以发到群里，用这样的方法细水长流地帮助他们转变育人观念，习得育人技巧，提高育人艺术，让老师的教育也能轻松有效。

2. 个别跟踪

有些家长特别不重视家庭教育，老师可以定期进行交流；有的家长因为家里出现矛盾或生意出现问题，而伤害到了孩子，这时老师要有敏锐的目光去发现，并及时与家长取得联系，提醒家长尽量少把负面情绪带给孩子，以免造成孩子的恐慌和安全感缺失，对他在校的生活学习产生不良的影响。

3. 步步为营

任课的班上，小赵同学上课小动作多，嘴巴不肯闲，三年级就显出老油条的样子，批评不管用，表扬坚持不了多久，一看就是从小没规则意识的。听班主任说，父母关系不和，主要由爸爸带。跟爸爸反映情况，爸爸反感老师说儿子的不足，来接孩子时，对老师们不理不睬了。这样的家长，自尊心强，脾气不好，教育理念错误，还不自知。怎么办呢？慢慢来，步步为营，等花开。

以表扬鼓励为主。孩子稍有点进步，马上反馈父亲，好在哪里，为何好起来了，说明父亲在背后操心、用劲，把功劳往家长头上盖，表扬家长。自尊心强的人，很看重荣誉，下次就会警醒自己，两次三次，倔强的父亲慢慢就会按老师的要求来配合，孩子的行为习惯也慢慢好转了。

4. 适时直言

有些家长，对孩子会有不切实际的过高的期待。

小 Z 同学一、二年级时，成绩挺好，特别是语文、英语，分数总是很漂亮。到三、四年级，数学成绩老不理想。孩子管理能力强，表达能力比较好，但逻辑思维不突出，思考的灵活性不足。父母言谈中也说到，小时候父母读书时理科都不太好。但家长对孩子的要求、期待挺高的，想要孩子参加奥数社团、奥数比赛，孩子对数学更加惧怕，甚至讨厌。对于家长的好高骛远，老师适时跟家长聊聊孩子的思维特点和潜能优势，让家长基于现实，不多给压力，引导孩子扬长补短，展示更优秀的自己。虽然家长一开始对老师的直言会不太接受，心理会有落差，但慢慢家长就会想通、接纳一些。

5. 高屋建瓴

有时候，举行过活动，或邀请家长和孩子一起完成过某个任务，老师可以及时做出反馈，一是总结，收篓收口；二是引领，树立榜样，含蓄地告诉大家这样是正确的做法，以后大家就有参照物了。

例如，举行过美食节，老师在家委群里这样总结：昨天美食节活动很顺利，到校的二十几名家长和我们群里的几位委员与孩子一起品尝了美食，享受了亲情，也参观了食堂后厨，提出了意见和建议。活动结束后，几位委员还和我们一起融洽交谈，交流对孩子成长的真知灼见，互相都受益匪浅。感谢委员们，积极参与、真诚投入、实事求是、正面思维，对孩子、对学校负责，并大胆辐射，安定其他家长的心。这就是严谨细致，认真履行职责，为委员们点赞。

总之，在家校沟通中，本着真诚的心意，掌握方法，有效交流，知己知彼，百战不殆。

辑三
沟通智慧

如何打造新型家校关系

家庭是社会的细胞,家庭教育是基础教育,又是终身教育,它对一个人的启蒙、成长、成才有着不可估量的作用。一个人的思想、品德、行为习惯、意志性格的形成都离不开家庭。家长的素质直接影响孩子的认知能力,家长的人生观、价值观、待人处事都会对孩子成长起着潜移默化的作用。但也只有不多的家长,才会有持续学习、提高自己的强烈需求。

家长良好的家教理念,正确的家教方法,对孩子的成长无异于阳光雨露。但很少有人天生就具备家庭教育的艺术。

良好的家校关系,能让老师享有一种有尊严的、舒心的、宽容的工作环境,有益于教师教育智慧的迸发。但家长缺少创造和维护良好家校关系的广阔视角和多样渠道。

2020年1月1日起正式施行的《浙江省家庭教育促进条例》第二十条至第二十三条明确规定:学校应当建立健全家庭教育指导工作制度,沟通学校教育与家庭教育,推进家校合作。

所以,引领家长,提升家长,搭建联盟,打造新型家校关系,促进学生更优发展,对于学校来说,显得重要而紧迫。

一、共识:分层分类联动,让家长成为同盟者

与家长保持多维度的常态沟通,既需要对学校信息的及时性传达,又需要会分层分类,有差异性地沟通,让家长能真正成为学校老师的同盟者和好搭档。

做教育的明白人
ZUO JIAOYU DE MINGBAIREN

（一）班级评价及时反馈家长，保证家长知情权

孩子每周在校的综合表现，能让家长及时了解，共同激励。每个班级，都有班规、班训、班级评价制度。比如，有的班级每周累计学生表现的代币或分数，评出各方面表现优良的星级同学，"大周星级榜单"张贴在班级光荣榜上，在新的一个大周以此为榜样，良性循环。面向全体、表彰优秀、引领习惯的做法，也让家长了解，每次表彰拍照后就借助信息平台公布在朋友圈或家长群里，让家长看到自己孩子的表现和成长，孩子在家时家长也会有意识全方位关注与引导。

（二）性格问题适时联系家长，让家长协同教育

孩子健康人格的发展，需要引领父亲和母亲共同参与。因为是住宿学校，孩子在校的表现很多教师都是通过电话或微信与家长沟通的。一、二年级的时候，班主任普遍和孩子们的妈妈联系比较多。和妈妈联系有诸多好处，妈妈会细心留意孩子变化，妈妈会耐心教孩子写作业。但是到三年级，你会发现一个现象，现在的男孩子普遍阴柔有余，阳刚不足。男孩的成长过程是需要父亲的，他们需要从父亲身上看到自己的定位，他们需要模仿父亲的行为来促使自己成长为男子汉。

所以，我们智慧的班主任就有意识地多和爸爸联系。爸爸们往往话比较少，平时对育儿方面的话题也关注得少，这就需要我们老师主动出击，并传递一些教育理念：要真正承担父亲的角色，就是要深入儿子的生活，扶持他的成长，在人际关系、品格力量、家庭婚姻、价值导向等方面做儿子的模范，成为儿子和成年男性世界之间的桥梁。爸爸们在这样的引导下，也开始积极地为家校合作出一份力量。

（三）特殊表现及时告知家长，让家长合力改进

孩子在校的异常表现，需要及时询问家长，一起寻找原因，解决问题。上学期六年级陈老师班里有个女孩子大周放假回校神情黯淡，晚上就寝时同学听到她在床上小声哭泣。第二天，陈老师细心了解情况后，得知女孩回家听到父母在说生意上的一些挫败，妈妈抱怨声很多，女孩觉得前途渺茫，心情沉重。陈老师安慰鼓励了女孩，向她说明大人在工作中会有困难，小孩学会体谅父母的同时，不要影响自己的心情。事后，陈老师连忙和女孩的父母沟通，要他们与孩子交流时注意方式方法，尽量不要把工作中的困难夸大了跟孩子抱怨，尽量能用乐观、积极、坚强的言行去引导孩子，应该让孩子看到父母的百折不挠，这样才是把坏事

辑三
沟通智慧

变好事的契机教育。孩子的父母非常赞同，放假回家时都能控制言行，用阳光乐观去影响孩子，孩子也明显开朗多了。

（四）习惯推进紧密依靠家长，让家长一起使力

习惯的推进来自于家校双方的紧密携手，不断监督。一年级开学新生"启航"课程中的"十会"要求，如会吃饭、会睡觉、会走路、会排队、会听说、会游戏、会问好、会求助、会打扫、会整理等，除了学校里有专门课时来教学，有专门的时间来训练和评估外，必须要借助家长的力量来推进与巩固。特别像会吃饭、会睡觉、会问好、会打扫、会整理等要求，如果家里习惯不好，还会削弱学校教育的效果。很长一段时间，一年级十几位班主任在学生放假时，都要让学生带走一份"假期习惯巩固提升表"，让家长用细心、耐心、恒心，配合老师教过的正确方法，督促孩子将良好的行为习惯进行到底。

其他年级也是一样，不定期地有重点地与家长联合，优化孩子的好习惯、好品行。习惯培养，家校携手，才事半功倍。

统一思想，达成共识，是家校协作的必备前提。达成共识，是有效促进家校沟通的第一步。新时代班主任对家校协作，既要保持对学校信息的上传下达，又要发挥一线班主任对现场的把控能力，能够有效地区分对孩子的差别指导，分层分类，区分轻重缓急，有所侧重地与家长沟通，这也是对新时代教师能力的一种考量。

二、共行：适时打开大门，让家长成为参与者

共识是为了更好的共行，共行是为了达成更深的共识。学校需要开门办学，教师更需要开门办班。改变单兵作战的状态，打开活动和课程的大门，邀请家长在不断的参与中，去理解和深化孩子的培养目标。

（一）打开课程现场，成长节点一起见证

学校倡导和组织家长积极参与孩子的成长仪式，配合课程，助推孩子生命之轮。现在每所小学都重视学生的开学礼、成长礼、毕业礼等德育课程。比如十岁，人生中一个重要的阶段。十岁成长礼，就是通过集体的庆祝活动，体验成长的快乐，体验父母对自己的爱，体验自己对未来的责任。这样重要的时刻，我们学校

做教育的明白人

的班主任除了配合学校开展活动之外，还八仙过海，各显神通，联系家长，邀请家长，一起为孩子的成长增添亮色。比如去年三年级的班主任给班级制作了一本呈现孩子校园生活的书籍，还给每个孩子定制了一份礼物。成长礼上，家长们到场，除了精彩纷呈的亲子活动外，还人手拿到了记载孩子校园童年生活的一本书，亲子们不亦乐乎。

（二）打开德育现场，素养活动一起参与

学校引导家长组织各类假期活动，将德育现场延伸到家庭和社会。学校特地结合孩子们的年龄、个性、特长、兴趣、情感等，每学年总会策划一系列孩子们乐于参加的德育实践活动，让家长在孩子假期时积极组织，可以是一家，也可以多对亲子联合，丰盈孩子的童年，寓教于乐，追求无痕德育。如感恩社会家庭系列中有祭扫烈士墓、有趣的母亲节、庆祝父亲节、红十字会义捐活动等，关注社会生活系列中有上街发放环保倡议书、参观自来水厂、环保时装秀等，感受自我成长系列中有勤工俭学包袜子、自救互救活动、才艺大展示等，享受快乐生活系列中有亲子运动会、爬山比赛等，密切亲子关系，提升孩子素养。

（三）打开班级现场，奉献爱心一起出力

班级组织爱心活动，打开大门吸引家长一起助力。袁老师的班级在元旦就组织了一个活动——班级义卖活动后去幸福院看望老人。提前几天，家长们纷纷行动起来，做横幅、挑选有意义的物品、提前在网上购买了去幸福园的手套和围巾、做了义卖物品清单等。活动当天，很多家长提前来到教室布置义卖现场、挂横幅、家长主持、一起参与义卖，最后所有的物品都售空。当日家长派代表去超市将剩下的钱款买了饼干和牛奶等。第二天一支小分队驱车前往幸福院看望老人们，送去了爱和温暖。家长孩子们纷纷表示这是一次十分有意义的活动。

（四）打开学科现场，听课评课一起思考

学校组织家长走进课堂，敞开学科，一起研究。我们学校每学期都会举行"家长开放日"活动，除了参观或参与活动外，家长们进入课堂，认真听课，还要组织交流，让家长们积极思考，提出意见和建议，为改进课堂教学质量、优化孩子学习习惯，一起出谋划策。

共识推动共行，共行保障共识。学校教育引进家长资源，打开各类现场，打破单线性教育，真正实现双向交流，有效推进新型家校关系。

辑三
沟通智慧

三、共学：多方提供机会，让家长成为学习者

家长的一举一动、一言一行、一颦一笑，都在向孩子们言传身教。每一个孩子，在家长的陪伴下耳濡目染、经历成长。家长能给孩子最好的教育就是，用自己的行动去体现什么是正确的人生观、价值观、世界观。家长的素质、家庭的氛围对孩子的成长起着至关重要的作用。所以，终身学习、提升素养、做好榜样，是家长的不二选择。

不同素质的家长都要有终身学习的意识，教师群体要发挥专业指导性，带动家长，让"更新理念，持续学习"成为一种常态，用不断成长的学习氛围，去影响孩子。

（一）线上线下讲座，提升家长素质

线下专题讲座，带领家长学习。笔者作为资深的浙江省、绍兴市、诸暨市家庭教育讲师，诸暨市十佳讲师，经过多年的学习和实践，整理了属于自己的讲课系列产品，针对不同的年级，开设不同的主题，可供家长菜单式选择。

家庭教育专题讲座课程表

板块	能力点	题目
幼小衔接	良好过渡	《"零起点"不等于"零准备"》
习惯培养	生活、学习习惯培养	《让一年级孩子的习惯培养赢在起跑线上》
	学习习惯培养	《如何培养孩子的专注力》
	学习习惯优化	《三、四年级孩子如何进一步优化习惯》
亲子沟通	营造好的亲子关系	《构建良好的亲子关系，创造卓越的亲子状态》
	亲子有效沟通	《家长怎么说，孩子愿意听》
情绪管理	处理孩子情绪	《如何处理孩子的负面情绪》
青春期教育	了解青春期生理心理	《让我们揭开青春期的面纱》
	和青春期孩子交流	《青春期孩子，家长怎么沟通和引导》
家庭系统	了解家庭系统	《家庭教育中的系统平衡》
	家长自我管理	《母亲如何更好地爱自己》
	建设好的夫妻关系	《夫妻关系建设的意义和策略》
父母成长	做智慧家长	《做一年级优秀家长，我们来支招》
	做智慧家长	《我是学校好家长》
	做学习型家长	《做终身学习的家长，做孩子永远的贵人》
	做学习型家长	《成功家庭教育的四个核心词》
	培养好心态	《做阳光心态的家长》

做教育的明白人

开设线上微课，细水长流影响。我们还开设了学校"空中家长课堂"，团队教师先学先研，利用团队智慧，关注家长和孩子需求，聚焦孩子的习惯、能力培养和家长的育儿方法改进进行研究，制作微课定期播放，指导家长共同学习和进步。

疫情期间，特别录制视频和语音课，整理出"疫情期高效宅家六讲"系列课程，并组织开设了全市直播课"居家学习，家长该如何把握教育的尺度"，组织家长进行云课堂学习。

学校通过多渠道、多形式地引领家长学习，激发家长学习的兴趣和需求。

（二）原创作品平台，长期引领家长

充分发挥名师工作室的团队力量，以"萍言平语"原创公众号为载体，不断学习研究，发布家庭教育原创文章，定期向学校6000名家长进行推送，引领广大家长共同学习。在工作室定期活动中，不断梳理指导家长过程中的经验与思考，拿出一些学生普遍性的行为、习惯、心理的问题，进行不同主题的交流研讨，沉淀下来，整理成文，定期发布，指导家长。

就如2018年上半年，市内外又传来数件学生跳楼事件，民心惶惶，我撰文《你怎么可能只为自己活》，引导家长老师说：我们永远要真心诚意地告诉孩子，除了生死，都是小事！所有的事情可以重来——书可以重读，考试可以重考，论文可以重写，工作可以重换，只有生命不复重现！我们要有预见地引导孩子，能控制情绪才是真正的强者，我们可以彰显个性，可以发脾气，可以有冲突，但永远记住，冲动是魔鬼，当魔鬼肆虐大脑，你必须要剩余一丝丝强者风范，去掐住命运咽喉，防止走极端！这篇文章引起强烈反响，老师家长纷纷转发，阅读量达到1万多人次。

（三）系统整理经验，辐射更多家长

作为名师工作室的引领者，更要在系统建构和整体推进上有深入的进展，笔者整理了近年来关于家庭教育的思考，从"家教理念、家教实践、家长提升"等方面出发，把原创作品整理出来。2018年10月，我出版新书《和孩子一起成长》，受到市妇联和社会各界的关注和好评。家长朋友们纷纷购书学习，阅读后很多人表示受益匪浅，指导意义颇大。2020年9月，我出版了第二本新书《今天怎样做家长》，也同样引起比较好的社会反响。

辑三

沟通智慧

（四）差异化的引领，照顾更多需求

如果说上面的举措是顾及到"面"，但家长遇到的困惑是属于个体的，我们需要关注"点"，真诚关心家长需求，让家长成为咨询者，一起学习讨论，以更好地了解孩子，教育孩子。

学校里经常有家长来电来微信来人请教家庭教育的事宜。我和我的团队成员总是不厌其烦地倾听、解惑、建议，帮助家长了解孩子的心理和行为，从而让家长正确地影响和引导孩子。

学校里有同事也经常就学生的问题来请教，我们一边答疑，一边引导他们更好地与家长沟通，通过改变家长、改变家庭生态去带领孩子改变和成长。

案例：六年级一女孩子，过分追星，沉浸其中，在日记本上写下了很多爱哪个明星的语言，上课偶尔神思恍惚，成绩也起伏不定。老师看到比较担心，母亲也不知所措。孩子身处最好的班级，各方面素质也很好，但数学不是特别突出，个性也比较强，人际关系很一般。

老师带着家长来咨询，我们坐下来细谈后了解到，妈妈比较强势，对女儿压制得比较多。但爸爸对女儿，要么宠得不行，要么口无遮拦批评指责，对成绩特别看重。女孩子比较要强、敏感，自尊心也很强。

我们是这么对家长建议的：1. 客观看待这件事。父母、老师平时学习中都会给孩子很多有形无形的压力，孩子需要释放的空间，能追星，说明她还有转移和释放情绪的能力，应该感到庆幸。热情是一种能量，是生命力的表现，没有热情，就没有能量，才让人担心。2. 在追星后面，我们应该看到孩子缺少真正的朋友，缺少父母良好的沟通和强有力的支撑。所以，不是去责骂她追星的事，而是了解她的需求后，怎么去正确引导。特别是交友能力方面，要有意识地指导和带领。3. 改变父母的教育和沟通方式。能真正接纳和理解孩子，对孩子多鼓励肯定，给予心理能量。学校里老师也能多鼓励和肯定孩子。4. 家校一起关注孩子平时行为背后的人格品质，比如自律、自爱、坚强、坚持、不怕失败、与人为善、敢于表露自己等，抓住契机进行品质教育。

过了一个月，我向老师了解这位女孩子的情况，老师说状态好多了，比较开朗了，下课会和同学一起玩，成绩比较稳定了，追明星的感性话语也不多说了，也愿意和父母说说心里话了。

这样的案例数不胜数，在为家长提供咨询的过程中，助人者自助，我们努力学习与成长，家长也习得了一定的方法，更懂得了要不断学习、与老师协同教育的重要性，对孩子的成长起到了很好的作用。

四、共管：有效搭建平台，让家长成为管理者

在学校管理中，为促进家校协作的深化，搭建无围墙的学校，改变家长作为旁观者、协作者的角色，让家长能成为学校治理的主体，成为和学校并肩的管理者、组织者和指导者。

（一）组织共管，家委带动家长，成为领跑者

学校网罗到有思想见地，有方向共识，有智慧对话能力的家长团体来作为整个家长群体的领跑者。每个学期，学校家委会和班级家委会都会组织召开一次家委会议，积极交流，互通思想，共商办学大计，家委们为学校提供了很多发展的金点子。

平时，在家长委员会微信群里，适时沟通。听取家长的意见和建议，反馈给学校；转发学校相关信息，提醒家长积极关注；经常和家长们探讨家庭教育的问题，答疑解惑，抛砖引玉，交流思想，共享提高。并通过委员们，辐射到每个班的家长，也辐射到更多家庭。

家委会的优秀家庭教育事迹，也通过不同渠道发散到家长队伍里，让家长学有榜样。

以家委会为龙头，带动和组织家长积极参与学校管理，如学校每月举行网上"家长评教"活动，大量搜集家长对学校课程建设、学科教学、育人活动、后勤管理等方面的意见和建议，并推进家校民主对话，通过聆听家长的建议去发现问题到共同解决问题。

另外，家长会多方面参与学校管理，如校门口做义工、学生比赛家长做裁判、学生考试家长做监考、教师赛课家长做评委、学校规划家长做审核、进校督导家常课、参与亲子社团、审阅学校重要文件等，多平台、多渠道地引入家长管理力量。

（二）课程共建，家长进校上课，成为解惑者

学校巧妙利用多样化的家长资源，组织开展形式多样的"家长进课堂"活动。

辑三
沟通智慧

让不同职业、不同阅历的家长充分发挥自身的职业优势和兴趣特长,走进校园、走进课堂、走近学生,比如,有家长是律师,引导六年级学生认识身边的法律;有家长是营养师,教一、二年级孩子如何正确饮食。

家长课堂,丰富了学生的课外知识,拉近了家庭和学校的距离,为学生的健康成长起到了积极的推动作用。

(三)经验共享,线上展示家教,成为榜样者

学校有个微信公众号"海小德育园地",有一个栏目是"优秀家长"展示,我们会不定期推送"优秀家长",将家长的"高质量陪伴孩子""引导孩子全面素养""以身作则育孩""做有情趣的家长"等事迹和照片做成推文,推送给全校家长,大家学有榜样,潜移默化,不断改进教育理念。

(四)交流共赢,家长经验交流,成为辐射者

我们的班级家长群,经常举行线上线下的经验交流会。让优秀家长的教育经验得以发扬光大,身边的家长学以致用,让正能量流动起来。

共识是为了达成理念和思路的一致,共行是为了在行动中深化理解,共学是为了保持家校双方协同成长的态势,共管是为了有效地促进现场改变。这四个"共"是家校协作当中找到的有力抓手,通过教师的专业引领,通过四个"共"来带动和促进家长教育水平的持续提升,去推动家校双方陪伴孩子的共同经历,彼此滋养,搭建联盟,从而打造出新型家长,构建出新型家校关系。

辑四：家教锦囊

　　家庭教育在孩子的成长中乃至于一生都具有无可替代的独特作用。家长是孩子的第一任老师，也是最长久甚至终身的导师。家长应顺应孩子健康成长的需要及规律进行教育，而不是按照自己的梦去编织孩子的成长。家长需要读懂教育、读懂自己、读懂孩子，了解孩子的身心特点，采取孩子乐于接受的教育方式，把握教育孩子的契机，为孩子创造温暖的港湾，成为孩子成长的最好陪伴者。

什么才是善良孩子的"铠甲"

一位家长向我表达了困惑：孩子善良单纯是件好事吗？

她觉得自己的女儿过于善解人意，甚至有点过分善良软弱了。她举了两个例子。

例一：孩子有个非常喜欢的玩具，同学借去玩没有还，孩子对妈妈说起，妈妈就说："这是你最喜欢的玩具呀，你就大胆地去要来呗，怎么不去要呢？"孩子支支吾吾几声后说："没关系，反正我已经不太喜欢那个玩具了，给别人好了。"

例二（这是妈妈假设的例子）：假如哪天她被同学打了，被老师发现（她自己肯定不可能去告状），老师批评了打她的同学，她都会觉得是因为她自己，那个人才被批评了。明明她是受害者，她还把自己当成了犯错的人。

我问妈妈："你在担心什么？"

她说担心孩子受欺负，生活得不快乐，怕她活得太委屈。

据我平时的观察，孩子确实单纯，甚至有点胆小。但每次去上课，课前课中看到的是，孩子总是笑眯眯的，并不沮丧低落。

妈妈的担心是正常的，也是可以理解的。但会不会也有可能，是我们站在成人的角度，认为孩子生活中吃亏比较多，容易受人欺负。我们可以观察孩子的情绪，再来判断孩子到底有没有遇到对她来说是无法解决的交友困惑。

我还想追问一点情况。家庭中，是家长谁有这样性格吗，软绵绵的？家长说夫妻两人并没有。

那是家长平时对孩子指责批评比较多，鼓励比较少，让孩子不敢表达自己，缺乏自信吗？家长说也不是，其实家里的人很爱孩子，对她批评很少。

做教育的明白人

我突然想起，孩子的动手能力不是特别强，前不久要她给每个同学分发纸张，她一时愣在那里，不知从何下手。我教她一组组发，她也是慢吞吞的，动作并不娴熟。

于是我问家长，家里是不是很少让孩子干活，大人比较宠爱，比较包办？家长说是的，孩子基本不干活，自理能力确实比较弱，虽然孩子长得很高大。

接下去，我和家长交流，孩子正在成长，正慢慢离开父母的羽翼，独立去面对一些问题，有困惑、有挫折是正常的。

善良肯定是好的，这是做人的底线，单纯善良的人可以不拿武器，但可以穿上铠甲。

铠甲是什么呢？那就是强大的能力。包括自理的能力、处理问题的能力、人际交往的能力。

能力强大了，遇到问题就有了解决方法，以善良作为底线，既保护了自己，又不伤害别人，和同学相处愉快，自己也坚强自信，孩子就生活得快乐。这才是父母、师长最乐意看到的未来。

那能力怎么培养呢？

给予机会，给予空间，多放手，多鼓励呗。

给小鸟一方天空，小鸟才学会飞翔；给鱼儿一湾湖水，鱼儿才学会游泳。孩子只有在各种机会中试错、体验、磨炼，才能不断成长。

比如，动手整理的能力。

如果嫌孩子慢，嫌孩子理不好，或者只想让孩子去学习，或者大人的手反正闲着，不让孩子整理书包、整理书桌、整理房间，事情都被父母包办了，那么，孩子在学校的集体生活里，往往书包是理得不整齐的那个，抽屉是有点乱的那个，干活是不怎么伶俐的那个，那么，她的自信心就被打击了，在集体中很难脱颖而出。

所以，真正爱孩子，就要舍得用孩子，就要智慧地把父母长辈的手藏起来，为孩子腾出机会，去练习，去实践，去知行合一。

比如，解决与同伴纠纷的能力。

同伴擅自拿走了孩子最喜欢的玩具，孩子要大声地理直气壮地说，这是我的，你不能乱抢。如果你好好借，我会考虑借你玩，但说好一天就是一天，说话要算数，不能不还。

辑四
家教锦囊

孩子这种与人沟通的自信和语言组织能力,又来自于哪里?

这就必须要父母有意识地培养、引领。当孩子有需求,不要无条件地满足,要让孩子好好表达,说清理由,父母觉得合适,就答应她;觉得不合适,就明确告诉她。孩子慢慢地就学会如何正确地去表达需求。

当遇到不合理的事情时,也要敢于直面问题。比如在家里,爸爸冤枉了孩子,妈妈就要引导孩子去和爸爸交流,把事情原委一五一十表达清楚,把感受、心情也说出来,爸爸听完后觉得有道理,也要及时向孩子道歉。父母正确反馈对孩子这种处理问题能力的肯定和支持。孩子尝到了甜头,解决关系问题的信心和能力才会不断增强。

父母担心这个担心那个是没有用的,还会传递一种焦虑的情绪,孩子接收到这种情绪,也会感觉到没有安全感,因为父母打心眼里不信任她,那她在外面就更不自信。

所以父母对孩子最好的爱就是信任她,鼓励她,不断锻炼她,这才是真正给善良的孩子穿上了"铠甲"。

又善良又能干又自信的孩子,你怕什么呢?

男孩遇到了烦心事

Y 是个高二的阳光男孩，勤奋上进，三观很正，颇讲正义和原则，我很喜欢他。可最近他遇到了烦心事。

教室弄脏了，他二话不说，就去打扫干净；寝室里有啥脏活累活，他总是抢先去干。

就像最近做值日，其他同学或者偷工减料，或者直接闪人了，留下他，任劳任怨把事情做好。

多干点活，倒还不足以让他烦恼，他是这样想的，反正是为集体做贡献嘛，是应该的，不用过多计较。

可让他又烦又气的是，好几个男同学不理解他，嘲笑他傻帽，讽刺他积极背后有目的；寝室里，索性大家都懒得打扫了，心安理得地等着他收拾。

这可让他睡不着觉了。

我自然是共情了他，孩子，你的家教好，品行好，有一般人没有的集体主义精神和奉献精神，跟很多自私的孩子形成了鲜明的对比。为大家服务，没受表扬也算了，还招来那么多非议和不理解，确实让人特别不好受。同学们也太不识抬举了。

孩子嗯嗯地认同着。

我这是表达感受层次的共情。根据萨提亚的冰山理论，我还想进一步表达共情，让孩子充分地"被看见"。

观点层次的共情：你觉得同学们没有集体主义精神也算了，起码应该尊重你。

期待层次的共情：你希望同学们能理解你，不要误会你，大家还能保持良好的同学关系。

辑四
家教锦囊

渴望层次的共情：同学们非议你，让你害怕会失去友谊，你想要爱和安全感。

从多个维度去理解孩子，会让孩子充分感受到自己是被接纳、受尊重的。

充分回应感受后，等孩子情绪平静下来，再提出建议，孩子就会接受你的引导，跟着你一起思考。

我问他，你觉得怎么排解或处理比较合适呢？他说，别去理他们吧。

我赞同说，是的，面对这样的情况，我们有两种方法——改变自己和改变别人。你觉得哪个更容易些？孩子说肯定是改变自己。

那怎么改变自己呢？改什么呢？孩子一时摸不着头脑。我们一起一条条地梳理。

第一，行为上可以少跟三观不同的同学在一起，道不同不相为谋。

第二，打消错误观念。一般人认为应该要与每个同学都成为朋友甚至好朋友，这是不可能的。其实也不需要，好友三两个足够。优秀的人往往也是耐得住孤独的人。要人人说你好，那得平庸成啥样子了。

我听到孩子吃惊地笑了。这个观点，一定是他没想到的。

第三，平衡内心。适当少主动付出，也留一点机会给其他同学。比如以前在宿舍里值日干七天，现在干三四天。

第四，不要期待。付出是自己的选择，是自己的价值观，不需要别人的肯定。

第五，撑大一点格局。可以多看看名人传记。我举了俞敏洪的例子。俞敏洪曾自述，在北大的时候他每天为宿舍打扫卫生，帮同学打水，一做就是四年。十年后，新东方做到一定规模，他希望找合作者，想叫美国和加拿大的那些同学回来。后来他们真的回来了，给了他一个十分意外的理由，他们说，俞敏洪，我们回来是冲着你过去为我们打了四年水。

因为这份善良、实诚、坚持，让同学们永记在心，他们相信俞敏洪是个可以支持和合作的可靠的朋友。

赠人玫瑰，手留余香。尝试用更长远的眼光去看问题。

第六，试着理解别人。同学们都处于青春期，正是个性张扬的时期，不太善于换位思考，在衣来伸手的家庭里出来，也没人教过他们如何将心比心。懂得就会慈悲，理解才能包容。以后读大学、工作，还会遇到形形色色的人。存在就是合理的，多元的文化，多元的人。生活都需要我们磨炼心性，去和各色的人相处，权当提前锻炼吧。

做教育的明白人

第七，及时排解情绪。如果不太开心，可以用深呼吸、听音乐、运动或写日记、向好友倾诉等方式来释放情绪，以尽快平复心情，更专注地投入到紧张的学习中去。

第八，适当时候，可以让人知道你的底线。比如，通过以牙还牙、断然拒绝、不予理睬等方式，让同学知道你不是一味忍让和付出的。

第九，把自己整强大、整优秀，就能在无形中影响、带动别人。

总之，做如水一样灵活的人，多种方法都尝试着用，秉持善良之心，初心不移，同学间的关系也一定会平衡稳定、有礼有节的。

Y如释重负地挂了电话。

辑四

家教锦囊

让家成为温暖的港湾

这句话，我想对小学生家长说，更想对当下的初中生、高中生父母说。

港湾是什么？是宁静，是安全，是依靠，是船舶远航后归来休憩调整的地方。然后，重赋能量，重整旗鼓，重新出发。

家为什么要做孩子温暖的港湾？

家是讲爱的地方，有孩子最信任、最爱的父母、亲人，在外面，孩子要面对比较、竞争、挫折、失败，敏感的孩子还有太多学习、交友的困惑与苦恼。这些纷乱的心绪到哪里去消化？哪里去倾倒？疲累的心到哪里去修复？朋友是一个选择，家更是最好的休养生息之地，让人放松、舒缓、安心。

可是，现状不少是这样的：学校里学得已经累了，回家被逼着继续学习；怕孩子不够优秀，假期就往各种培训班送；生怕孩子不听话，管贼似的管着孩子；眼睛里只看到别人家孩子的长处，攀比是常态；期待过高，放大孩子的不足；亲子交流，动辄是否定、责备的语言，孩子除了顶嘴就是沉默；过多的讲道理、唠叨让情绪不佳的孩子烦躁；要父母信任孩子就像把一摞空碗架到孩子头上一样不踏实……

如何让家成为孩子温暖的港湾？

首先，港湾里有温暖的人——慈爱。

父母笑意盈盈，慈眉善目，心胸宽阔，淡看得失。而不是要求苛刻，眼光毒辣，动辄指责，事无巨细，唠叨烦琐。有心态平和的父母是孩子的福气，那是像山一样坚定，像水一样柔和的存在。

第二，港湾如温暖的怀抱——接纳。

做教育的明白人
ZUO JIAOYU DE MINGBAIREN

听到父母说孩子,"一回来就瘫在沙发上,一句话也不愿意跟我们说!""回来就念叨学习辛苦,读书哪有不辛苦的?""成绩上不去,还总说我们不理解她!""你要他努力,他就是当耳旁风!"这样的语言,是不接纳孩子的。

家如温暖的怀抱,就是少说教少指责少挑剔,直接用行动接纳在外面闯荡回来的孩子。接纳孩子的现实,接纳孩子的情绪,给孩子的情绪一个出口,看见他的辛苦和疲劳,原谅他的暂时落后。就像远航而归的船只,收成不多,船身空空,舵手情绪不佳;就像打了败仗归来的将士,垂头丧气,斗志消失。家,都如其所是,只敞开胸怀迎接他们。

同事的女儿晚自习回家,抱怨说,作业真多,学习真累,真想请假不读了。母亲差点脱口而出说,再坚持三天就可以放假了,读初中不比小学,当然是苦的。但母亲转念却说,好呀,要不请假一天,我们吃点好的,休息一下。好学要强的女儿马上说,那怎么行,还要考试呢。然后没事似的去吃点心了。孩子只是想抒发一下情绪,她看到自己的情绪是合理的,被接纳的,自己是被父母支持的,她就安心、开心了。

第三,港湾里有忠实的听众——倾听。

航海归来的舵手,憋了一肚子话,听他说说一路的见闻,看到的美景、遇到的风浪、碰到的同伴、经历的故事,有令人愉悦的,有让人沮丧的,父母就带上耳朵,认真聆听,不予评判,只需要用"嗯""噢""然后呢""还有呢"就可以了,孩子就会得到认同,愿意说,畅快说。当说出来,情绪和问题已解决了大半;说出来,父母就暗暗掌握了情况,也为沟通引导奠定了基础。

第四,港湾里能够加油——赋能。

船舶归港,需要加油,补充能源。孩子也一样,渴望在家里补充能量。现在的父母,给孩子的物质能量是不缺乏的,好吃好喝,要啥有啥。但给孩子的心理营养不够,本来就抗挫能力低下的孩子,要承受来自四面八方的关注和期待,就有点不堪重负。给孩子赋能,就是帮助其提高能量、提升意志,让其有激情和力量去重新出发。

怎样赋能?鼓励、支持、信任就是。

——孩子,你通过努力,一点点在进步,真厉害。

——孩子,你做事有责任心,也很体贴我们父母,真为你感到骄傲。

——孩子,你不怕失败,乐观面对挫折,真是好样的!

辑四
家教锦囊

像这样及时表达理解与支持，关心与包容，用语言、用行动为孩子赋能，孩子才能充满能量，精神抖擞，轻装上阵。

如果孩子表现不佳，没有明显的优点，就找"例外"呗，就是偶尔做得好的地方，这是从不好可以变好的起点。

——今天你的房间很干净，你是怎么整理的？

——这次考试你得了80分，比上次进步了8分，你是怎么做到的？

孩子得到鼓励，觉得这是自己的资源，有了信心，就有了出发的勇气。

第五，港湾里能够检测——看见需求。

港湾里，船只需要检测，看看内部有没有问题，及时发现，及时修整。父母要看见孩子什么？看见他们的内在感受和需求。

能"看见"的父母会明白每个孩子都渴望被人尊重和肯定，会理解每个行为背后都有正面动机。孩子要拆个玩具，不一定是调皮捣蛋，没准想研究原理；孩子的成绩没考好，他故意装作无所谓的样子，或说些叛逆的话，可能是自尊心很强，在自我保护；他总是想和你顶嘴，或许是他正进入青春期，有了独立意识，有了自己的思考，不想再唯命是从。家长要学会换位思考，正面思考，相信孩子都是要上进的。将心比心，孩子会有安全感，觉得不是在孤身奋战。孩子会因此感激不尽。

在分数面前，有的孩子真的跟不上，在一次次返工的作业面前，在动辄六七十分的分数面前，心虚失落得抬不起头，可是他们也很想有进步，很想得到师长的肯定。为避免孩子们的价值系统崩溃，家长应该怎么做让他们能量满满呢？

比如，和老师联系，多多提问孩子，表扬孩子；做孩子的资源，耐心地帮帮孩子；真有问题可以让老师降低难度和要求，设置AB档次的题型，因人而异，让孩子可以跳一跳摘到桃子；让孩子有帮助别人的机会，在赠人玫瑰中，孩子会找到被别人需要的成就感；多让他劳动、运动等，让孩子的优点都能展示出来；引导孩子和自己的昨天比较，态度也好，成绩也好，稍有进步就给予鼓励，让孩子有信心战胜自我，小步子迈进。

只有感觉良好，才能正确思考。感到自己有用，才会有好的感觉。

感受被理解，内在被看见，需求被尊重，难题得帮助，情绪有调整，内在有能量，船只就可以安全地重新启航，向梦想出发了。

愿家，成为孩子温暖的港湾；愿班级，也可以成为孩子温暖的港湾。

做教育的明白人
ZUO JIAOYU DE MINGBAIREN

用孩子的方式

走进监考的四年级班，离考试还有15分钟，孩子们闹哄哄地聊着天，班主任追进来跟我说，有几个孩子很容易谈天做小动作耽误考试，希望我关注。

等发完试卷，我响亮而平和地说："孩子们，一看你们就很有上进心，收放自如，一到考试时间，个个很认真了，也马上闭起小嘴。专注地考试，获得满意的成绩，不辜负前期自己的努力，是你们的目标，对不对？老师和你们有个约定。"

先淋了一通麻油，孩子们喜笑颜开，一听有约定，马上好奇地看着我，静候下文。

我说，等会儿铃声一响，抓紧时间认真答题，如果不检查，顾自己聊天或做小动作，影响自己又影响别人，那你得为自己的行为负责。老师提醒一次，等第二次发现就不再提醒，直接收起了试卷。但你记住，我一定会给你一次机会，不会二话不说收了试卷的。我们这样约定，老师说到做到，好不好？

明明是威胁的话，明明是在教育孩子们要认真考试，不得三心二意。但我平静地提出约定，孩子们居然异口同声说好！脸上居然还笑眯眯的，一点都不反感的样子。

坐在前排一个小男生悄悄说，老师你这样好，我喜欢。

为什么喜欢？我来不及问，因为铃声响了，需要赶紧答题了。

那我猜，喜欢是因为老师的态度很温和，不虚张声势斥责和吓唬同学们；老师和大家商量着定规则，不是自作主张做决定；老师的语言又很坚定，让大家感觉不是开玩笑，能给人说一不二的安全感；老师没有分三六九等，看来是一视同仁，孩子会有被公平对待的感觉。

辑四
家教锦囊

这是用孩子喜欢的方式教育吗？孩子一般觉得受教育也是正常的，但会特别喜欢师长用温柔的态度对待他们，并且能公正、言出必行、遵守信用。

温和而坚定地教育，这是孩子喜欢的方式。

后来的一小时里，我真的找不到一个开小差或发出声音的孩子，做完试卷都在静悄悄检查，没有给到我提醒的机会。

好友二年级的女儿昨天已放假，今天和两个好朋友在父母厂里一起玩，一起做作业，一起吃东西。好友在朋友圈发了几张照片，只见镜头里两张桌子上，一张摊满了好吃的，当然还有果皮等，一张散乱着各类书籍和作业本，三个女孩子在偌大的办公室里追逐，或在椅子上蹦跳。下面有朋友留言，你的忍功真好，换我早就给吃柴糕（开打）了。

身处其中，任何一位老母亲都容易按捺不住心头之火，如果正好也在手忙脚乱做事，很难不吼一句，你们乖一点，不要跑来跑去，东西不要乱放！

那用孩子的方式呢？

首先就是理解孩子。终于放假了，不用做试卷了，暂时也没有兴趣班了，最轻松的时刻，还能约上两个好朋友，能在这么宽敞，有这么多好吃的空间里，吃吃喝喝、说说笑笑、玩玩闹闹，多么自由，多么快乐啊！

如果有了换位思考，理解了孩子，往往能控制情绪，放松心态。

那考虑到孩子的整理习惯、做事的责任心，我们可以一本正经、义正辞严地告诉她们，玩的时候开心玩，等会儿必须一一收拾干净！孩子们肯定也会乖乖听令的。

但这样就不太好玩了。那用孩子的方式怎么教育呢？

到差不多时间，给个"魔术时刻"，让三个小魔仙变魔术，想办法把房间、桌子变整齐干净。家长故意下楼一趟，上来一定全变样。

然后，你还夸张地叫道，哇，刚才这里还乱得一塌糊涂，现在怎么会变得这么干净整齐，这个魔术是怎么变的呀，太神奇了！小魔仙们，你们的法术是什么呢？

孩子们往往乐不可支，笑得花枝乱颤，故作神秘最好让你猜上一整天。整件事就好玩得不得了。

不要用成年人的大道理驱赶了孩子的童心，也不要让成年人的焦虑淹没了自己的情趣。你愿意用有趣的方式和孩子玩，孩子们也很乐意天真地配合你，还能巧妙地寓教于乐。何乐而不为呢？

做教育的明白人

ZUO JIAOYU DE MINGBAIREN

爸爸在哪里

"我的老公，和我一样上个班，但他几乎天天和朋友一起在外面吃饭喝酒。儿子由退休的外公外婆管，包括接送和管作业，他可从来不用管，家里的事也不用咋操心。"

朋友是个并不严苛的妻子，对丈夫要求也不多，但偶尔也会抱怨丈夫在家事、育儿上的缺席。

外公外婆尚且身强体壮，把孩子的管教、家里的家务都接管了。小两口没多少烦心的事，只管忙自己的工作，男人就更没啥事了。

想从家庭的序位来说点想法。

看，下面是家庭系统的大致框架，三角形是比较稳定的。大家在自己的位置上，各司其职，分工合作。爸爸妈妈分头努力工作，家庭的事商量着办，对孩子的教育以身作则，同心协力，一起影响孩子，形成了家庭的系统平衡。

```
父亲————————母亲
     \      /
      \    /
       孩子
```

但是，当家庭里面，祖辈出力太多，包办太多，或者挤占了原来属于父亲的位置，或者好心而柔弱的父亲主动后退，让出了属于自己的位置。在夫妻关系上，离远了；在教育孩子上，也离远了。

辑四
家教锦囊

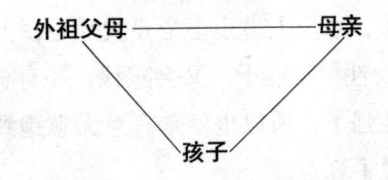

```
外祖父母————————母亲
         \        /
          \      /
           孩子
```

那老公去哪里了？爸爸去哪里了？

他在家里可有可无了，大家都把他的职责分掉了，他就只能在角落干站着，或者到门外去了。

就像我们搞值日，大家都有活干，漏下了一个同学没活干，大家都干得热火朝天，那没活干的同学怎么办呢？

也许是个含蓄的人，不会明目张胆去质问别人为何抢了以前属于他的活；也许看有人干得有点不乐意，积极的他可以主动请缨分点活来干；也许看人人都干得心甘情愿，他也不好意思去抢活干；也许他确实是比较懒惰的，就乐得坐享其成在一边偷懒；也许他怕自己在这里碍手碍脚，影响大家劳动的情绪，不如离得远远的去玩一会儿，成全自己也成全忙碌的别人。这还算为别人着想的，自私一点的，内心还愤愤不平，恨着别人把他挤出局，理直气壮溜得远远的玩得痛快。

然后他玩着玩着便沉醉其中，乐不思蜀，盼望着以后每次劳动都最好不要给他派活。

爸爸就顺理成章成了家庭的旁观者。

于是，爸爸就有了大量的时间，可以和同事玩，和朋友喝茶聊天打牌饮酒。

于是，爸爸在家的时间越来越少，参与孩子的活动越来越少，回家的时间越来越迟。

于是，爸爸就变成了一家人嘴里不负责任的懒惰之人。

可见，有的家庭是祖辈包办教养太多，把爸爸挤出了应属的位置。很多时候，祖辈教养易导致溺爱，孩子习惯培养、规则教育可能不太理想，或者孩子自理能力可能会弱一些，人际交往能力不是很强等。其实，祖辈主要是为父母分担一些生活或养护责任，起辅助支持作用，不宜喧宾夺主地承担孙辈的教育责任，这不利于健康亲子关系的建立和孩子良好人格的培育。

还有的家庭是女人主动或被动占了两位，男人被动或主动让了位，出了局或逃避了责任。女人常常抱怨：

"我是既当爹又当妈，男人根本指望不上。"

做教育的明白人

ZUO JIAOYU DE MINGBAIREN

"事业家庭都要兼顾，家里大事小事全要我操心，男人就是不负责任。"

确实，现在有一些女性都很能干，又会赚钱，还有管理能力，上得了厅堂，下得了厨房。主观能动性强了，所以也经常有意无意跑到老公的位置上，这件事情我说了算，这个家我说了算。

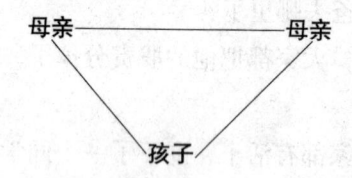

```
       母亲————————母亲
           \        /
            \      /
             \    /
             孩子
```

其实，对早期儿童来说，母亲承担着更多的养育与教育责任，但父亲也不应忽视自己的教育责任，可以通过呵护与支持母亲，或是尽可能陪伴和参与孩子的教育，来发挥对孩子的性格塑造作用。

不仅是父亲的位置容易被占，其实生活当中有很多的父母，还会不自觉去占孩子的位置。比如说，这件事情明明应该是孩子自己做的，父母都替孩子去做了，那等于是父母越了孩子的位，父母离开自己的位置，来到了孩子的位置上，把孩子挤了出去，孩子就成了袖手旁观者，能力就会很弱，因为你占了他的位置，剥夺了他自主成长的机会。

让我们的爸爸回来，回到自己的位置上。爸爸、妈妈、孩子，都牢牢守住自己的位置，发挥好自己应有的作用，相互成长，相互成就。

辑四

家教锦囊

榜样的力量

早上，匆匆上班，一位奶奶级的家长，居中挡在校门口窄窄的门禁旁，大声地朝已进校门的孙子嘱咐着什么，旁若无人，我们只能等候她说完，才暗示她让一让，侧身通过门禁。

定睛一看校门内的男孩，才发现是我任教过的班上的孩子。这孩子天性活泼好动，人是善良可爱的，但上课爱说话，爱做小动作，爱吵闹到别人。

如果这样就推测这位奶奶或者这个家庭的素养，也未免有些武断。但家人比较宠爱孩子，对他缺乏规则意识的培养，这是可见的。或许家长本身也不太注重生活规则，不懂以身作则的重要性，倒也不是无迹可寻。

还有一位家长，儿子玩耍时，随便一拳，把同学的门牙给打落了。家长发了个朋友圈说，儿子干掉了同学的门牙。也许这是有些无可奈何的调侃。但当老师跟这位90后爸爸后续沟通男孩的习惯，力图合力教育时，爸爸一语听不入耳，居然大发脾气说，我儿哪有那么多缺点，你们老师有偏心！放到学校，本来就是要你们老师好好教的，怎么把责任往我们家长身上推？

哪个老师头不大？

家庭要给孩子播下真善美的种子，扣好孩子人生的第一颗纽扣。

看看我们很多家长，很多家庭，真的给孩子扣好第一颗纽扣了吗？

第一颗纽扣是什么？人生大厦的基石是什么？是习惯，是品德，是做人的素养。

家庭教育不同于学校教育，知识技能都是其次，更重要的是品德行为的教养，是做人的教育。

做教育的明白人
ZUO JIAOYU DE MINGBAIREN

可是，做人的教育怎么落实？教育不是因讲道理而起作用，关键是给孩子提供模仿，特别是幼儿园和小学阶段。孩子主要模仿谁呢，当然是家长。所以，我们才说，龙生龙，凤生凤，老鼠的儿子会打洞。

家长你的一举一动、一言一行、一颦一笑，都在向孩子们言传身教。每一个孩子，在家长的陪伴下耳濡目染、经历成长。家长能给孩子最好的教育就是，用自己的行动去体现什么是正确的人生观、世界观、价值观。你想孩子成为什么人，你先把它做出来。每一天，你都在为孩子未来的人生打样。你用实际行动提交答案，孩子会悄然把你的答案记在心上，这些或许就成了孩子心里的标准答案，对他们的人生产生深远影响。

如果家长自己在孩子面前整天捧着手机成"低头族"，早上睡懒觉，从不看书或学习，也不爱锻炼，动不动出言不逊，教育孩子非打则骂，对老师像对敌人，不讲卫生，缺少公德，不爱帮助别人，自私不会换位思考……家长不以身作则，怎能培养出大格局、好习惯、有教养的符合未来发展的好孩子？

有一点值得深思的是，现在的一、二年级家长，基本上是80后、90后，很多出自独生子女家庭，自己的父母也尚年轻，还可以十指不沾水，在大树底下乘凉。于是，这批父母，为他人着想的习惯，理解体恤的涵养，艰苦奋斗的品质，与人合作交流的能力，都是有缺陷的。老师与之沟通起来有困难不说，更要紧的是，父母们对孩子的以身作则教育，也非常不利。

对一个人来说，德行就像大树的根，根深才能叶茂。孩子的品德修养和责任心，要家长从小用心培养。

有则微信上出示了一些图片，可以很好地说明教养和品德是什么。是暴雨过后，一个背书包的男孩，在一段满是积水的路上停下来，去附近找了一些砖头，用心为大家铺了一段路；是地铁上，一个男孩怕老奶奶碰到头，一直小心地用手挡着栏杆；是一个小孩，看见有阿姨带着孩子要进门，赶紧跑过去用自己小小的身躯，撑着重重的玻璃门，让大家方便进入；是孩子夜晚骑车回家被后面的司机叔叔用车灯照亮回家的路，孩子在快到家时特地下车鞠躬感谢；是孩子看到别人从车窗里抛出纸团后跑过去捡起来丢进垃圾桶；是孩子在公共场合有序排队，不吵不闹；是孩子看到师长亲人同学笑脸相迎，礼貌问候……

好孩子不是无缘无故来的，可想而知，这些孩子的背后，站着有良好品德和素养的家长。

辑四
家教锦囊

植根于内心的修养，无须提醒的自觉，以约束为前提的自由，为别人着想的善良。这样的品德和教养需要家长和启蒙老师潜移默化、耐心细致地引导和教育。

家长，以身作则吧，为了你孩子的现在，也为了你孩子的未来。

做教育的明白人
ZUO JIAOYU DE MINGBAIREN

点赞孩子独立思考的能力

晚上走路，女儿从大学打来电话，我积极倾听，偶尔回应，见缝插针引领两句，娘俩聊得不亦乐乎，不知不觉居然谈了一个小时。

孩子说到三件事，我不禁要夸她有独立思考能力和批判性思维。

第一件，最近她们在学设计排版，前段时间一直在做设计作业，直到能编成一本书。帆说，很多同学都花大量时间去找文字资料，做到前后连贯，而对版面的设计没有过多追求，重复运用一种。而我的理解是，以后对书籍、对其他材料进行装帧设计，更多的是看你的设计新颖、丰富多样、创意等，文字更多是人家准备好的，我们不应该在次要的东西上花太多时间，而要在设计的丰富性和创新性上下功夫，所以我基本上每一页都是不同的构思和排版，我觉得这是我们学这门课的重点。

我一直嗯嗯地回应着自己的认真倾听，等孩子说完，我肯定地说，对的，帆，我觉得你有自己的理解，你对这门课的目标有自己的考虑，我支持你的想法，你肯定能学到更多。

后来等这本书打印出来，专业老师确实给了帆较高的评价，还介绍她给其他系的老师去为他们的海报排版提建议。

第二件，帆说有个学姐知道她画画很不错，把为外校英语试卷画插图的生意介绍给她，帆感谢学姐的同时告知她最近在忙专业课作业加上老师组织的一个比赛，没有时间赚外快。后来学姐又找她，希望她帮忙分担一本试卷，帆就让宿舍里另外三位同学一起参与。帆说，有这样赚钱的机会，宿友们可开心了。我只要画两天就能完工，时间还是可以腾出来的。而且，画这个插图时，大家一起说说

辑四

家教锦囊

笑笑，是作业之余的放松，倒也不错。

我肯定她，有机会大家一起分享，这倒挺好。更好的是，能根据自己的实际情况，懂得合理对待赚钱这件事。

帆说，我们现在还不值钱，没有核心竞争力，赚的不过是廉价的劳务费罢了。我不过多分心。

我说，是呀，学好专业，打造自己，才是目标和重点。不要为小钱迷失方向，时间是最宝贵的，要花在最重要的学习上，你思路明确，头脑清晰，要点赞。

第三件，帆说她选修了现代文学，因为她很喜欢阅读。宿友们跟着她选了这门课，都叫苦连天，因为这位老师很认真，像上必修课一样教学，要看不少推荐的书，要写读后感，艺术生没有那么多时间和精力来学文学。

帆说，我实在是喜欢，也很欣赏这位老师的认真劲。老师的眼光真是毒辣，推荐的都是我未曾看过的几本书。

我又夸孩子了，艺术生专业课作业都得花时间做出来，来不得虚假，还要腾出时间来阅读，真是不容易的。人总要有点精神追求的嘛。

我们都笑了。

肯定还不够，我还得顺水推舟提两句，帆啊，你很有想法，可是想法都在脑子里，别人看不见；你嘴巴表达出来，说的话也转瞬即逝；只有写下来，才能白纸黑字亘古流传。一个有想法的人，确实需要阅读和写作来锦上添花。有朝一日，你肯定用得上的。

我开玩笑说，以后教教你的孩子，有文学积淀的你，也可以信手拈来喽。

这样聊着聊着，女儿很开心，因为她被认真倾听到了，被尊重理解到了，被肯定支持到了。我也很开心，为孩子的冷静理性、认真执着，特别是可贵的独立思考能力，深感欣慰。

这样的孩子，哪怕以后没有成名成家，只是一名普通的、自食其力的姑娘，但她对生活、对事业、对爱好、对人生有自己的判断和理解，有自己的想法和行动，清晰地认识自己，不随波逐流，不迷迷糊糊，又积极向上不惧困难，幸福难道会远离吗？

做教育的明白人
ZUO JIAOYU DE MINGBAIREN

赚小钱，也不赚小钱

帆作为唯一的大二生被老师邀请进了她的工作组，同组的都是大三、大四的学长，一起帮老师做一个项目。帆的主要任务是帮老师画一组组吉祥物。

考试结束一回到家，帆就夜以继日地用十来天时间创作出了几组，老师很满意。月底，老师给她卡上打进了500元报酬。

女儿开心地告诉我，我为她自豪。我们还特别讨论了这笔钱的意义。

看淡这笔钱。不能去计较钱的多少。我们首先达成的共识是，现在画画不是为了赚钱，这是老师给的锻炼机会，可以受到专业老师的指点，和老师一对一交流，再三地商量、交换思想，本身就是绝好的机会。很多人花钱也买不来这样快速长进的机会。

也不轻视这笔钱。说明这是自己能力的体现，也是作品让老师满意的结果，同时也是自己与社会接轨，参与社会实践的试金石。人总是在这样一次次的锻炼中磨砺自己，让自己越变越强大的。强大是由这样的微小累积而成的，人生的高峰往往是这样的平台中拾级而上的。

清醒地认识这笔钱的实质。现在因为尚在求学、提升中，没有口碑、没有品牌，做的自然是佣工的活。抓住机会好好学习，强大自己才是旨归。未来的某一天，自己成了品牌保证，就可以真正独立，成为大树。

所以，为这500元欣喜，眼光却不为这500元局限。

寒假里，亲戚叫女儿做几天艺术助教。我问女儿有没有这个时间，连续十天的两个小时，女儿说作画的同时，应该也腾得出这个时间，我说你自己看着办。最后女儿郑重答应了，并且每一天很守时，也很负责。她说，要么不答应，答应

辑四
家教锦囊

了就要很认真地去做。

结束的时候,亲戚给了她工资和奖金共 800 元。

然后,我们又郑重讨论了关于这笔钱的意义。

首先,女儿提出,拿出 200 元孝顺奶奶,因为奶奶每天照顾自己。

其次,为自己点赞。小小年纪,就懂得自力更生,赚零花钱,这是很有意义的事,也是能力和素质的体现。

再者,合理地使用它。自己赚钱买花戴,花起来很有成就感。女孩子为真正做到经济独立、人格独立迈出了第一步。

最后,理性地看待它。这些拼的不是自己的核心竞争力,赚的是辛苦钱,也是小钱。当自己足够强大,专业足够领先,自己的价值就会大大提升。大二的暑假可以再勤工俭学,接触一下社会,但大三、大四就不必要赚这些小钱了。时间才是最宝贵的,把它花在刀刃上,去学习,去提高自己的核心竞争力,才是最要紧的。女儿非常同意我的观点,她说大三要为考研准备,没时间打工了。

善待金钱,但不为金钱所累,提升自己的价值,着眼长远的收益,也是我们要教给孩子的人生学问。

做教育的明白人
ZUO JIAOYU DE MINGBAIREN

你的孩子会为别人鼓掌吗

看一场演出，旁边有一名妈妈抱着一年级孩子一起观看。

台上孩子们表演乐器、舞蹈、声乐，特别精彩。台下坐着的，基本上是低年级的孩子，掌声并不十分热烈，我旁边的一年级男孩也好像没有鼓掌的习惯。

我拼命鼓掌。换位思考一下，孩子们台上一分钟，台下十年功，需要付出多少时间和心血，在台上展示时，又多么渴望下面观众的掌声和鼓励。

旁边的孩子瞅瞅我，跟妈妈说，妈妈，我写字很好的，要参加比赛呢。

我为他竖竖大拇指，其实我明白他的心。因为我一边欣赏，一边热烈鼓掌，一边还不住地夸赞，太棒了！孩子们真厉害啊！

这位小男孩也想让我知道，其实他也有厉害的地方。孩子都渴望被看见，被关注，被赞美。

哪怕等孩子成年了，当他有点成绩和荣誉时，他也是非常渴盼掌声和喝彩的。

可是，人人都希望别人给予，那谁来鼓掌，谁来付出呢？

如果想让孩子得到喝彩和鼓励，其实首先要学会为别人鼓掌，为别人在高光时刻送上祝福。

而且，会及时为别人真心赞美的人，心胸格外宽广，往往朋友也格外多，在班级里更受欢迎。

我们都想让孩子能愉快地和别人相处，顺利地交到朋友，以后到社会上也能有好的人际关系，我们就得从小培养他们交友的能力。

其中，为别人鼓掌，就是真诚交友的好方法。

无独有偶，有个好朋友的女儿，小学里是班级里的佼佼者，是老师的宠儿，

辑四
家教锦囊

朋友不请自来。到了陌生的初中,她看不惯周边的女生,和男生又不敢交往,所以,较长时间没有交到朋友,对班级自然没有什么感情,学习生活就比较单调、枯燥了。

孩子向妈妈吐露心声,说初中生活太没劲了。

如果要有劲,必须有朋友,一起笑,一起闹,一起努力,那么,乏味的学习也会生动活泼起来。

可是,我们的孩子如果不会学着去欣赏和赞美别人,不会为别人真心鼓掌,加上又不肯帮助别人、雪中送炭的话,就很难交到好朋友。

所以,家长、老师要从小有意识引导孩子为同学、朋友祝福,要他们容纳优秀、接近优秀、学习优秀。

就如我旁边这位男孩的妈妈,就可以抓住今天的契机,对孩子说,这些哥哥姐姐们多才多艺,他们付出了很多时间、汗水去训练,吃了不少苦,才能给我们展现精彩的节目,他们很了不起,我们既佩服他们,又感谢他们,让我们为他们热烈地鼓掌吧。

妈妈投入地鼓掌,孩子肯定会有样学样的,言传身教就在亲子相处的每时每刻间。

我女儿小时候,我不仅有意识引导她经常去帮助同学,也会引导她在同学有成绩、有喜讯时夸夸对方,以此去减少孩子的妒忌心,去锤炼她的心胸。

我也不拿她和别人比。她从小习惯了不过分关注自己的名次,也不关心别人的分数,只看自己还能不能进步。

是啊,关注自己的进步就可以,纵向比较,而不横向比较。生活中总有人超越你,如果总是跟别人去比,那会很焦虑,降低幸福感。特别是成年以后。

不跟别人比,但可以为更优秀的人鼓掌。因为优秀需要天赋,更需要坚持,鲜花往往是用汗水甚至血水浸染的。这样的人,值得我们去欣赏,去学习,于是,我们也才可能更优秀,更强大。

让我们引导孩子有更广阔的心胸和视野,让我们的孩子学会为别人喝彩吧。

做教育的明白人
ZUO JIAOYU DE MINGBAIREN

自由可贵

休息日去爬山，听听音乐，哼哼小曲，自由而轻松。

亭子旁有一堆堆石块和沙子，仿佛要修筑什么，我不禁想，体力劳动者真辛苦，要这样真刀真枪挑上来。

等我下山路过原地，发现几个农民牵着几头驴，每头驴的背上有两个大口袋，农民们一抽掉袋子下的橡胶垫，沙子就像水一样倒下来。

原来沙子、石块是这些勤劳的驴顺着台阶从山脚驮上来的。

劳动最光荣，放在驴身上合适吗？肯定不合适。被牵着绳、被挥着鞭，身心俱不自由，被监督、奴役之下的劳动，丧失了选择权的劳作，又谈何光荣和愉悦？

像我这样的登山运动，不见得不比这样的劳动累，之所以愉悦，是因为不是迫不得已的比赛，也不是不得不完成的任务，更不是无可奈何的顺从，完全出自自己的心境和选择。我可以选择这个时间点来，也可以选择登得高或低，可以选择一边爬山一边听书，也可以一边眺望一边拍照，谁也控制不了我，谁也管不着我。我不必恐惧，不必焦虑，不必抱怨，不必挣扎。

自由最可贵。

驴有吗？没有。干什么，干多少，干多长时间，自己不得选择，命运掌握在农民手里。

那么，孩子有吗？在现在这样的背景下，或许也是不多的。

小时候的各种兴趣班，初中时的各种补习班，是孩子自己选择的吗？是不是父母扮演了做决定、做监工的角色，就像紧紧牵着绳子的农民？

有位妈妈说，孩子从一年级起，每天的作业都是自己在旁边督促着完成的，

辑四
家教锦囊

现在四年级了，一直是这样。现在成绩还是好的，怕到初中不在自己眼皮底下了，成绩掉下去怎么办？

一个孩子，每天都被牵制着、监视着，他的人格成长和精神成长肯定会受到影响，同样，他的主动性和内驱力也不会有太好的发展。

又有家长说，真是奇怪了，我们天天管还管不好孩子，隔壁家的夫妻都很忙，没空管孩子，他们的女儿倒是很优秀，成绩也好，也很会做家务，很懂事的。看来家庭教育也是有运气的。

教育真的凭运气吗？管多一定是好事吗？事无巨细，剥夺孩子成长的空间和自由，让孩子丧失自己人生自己做主的感觉，就像被囚禁的小树，如何舒展身姿畅快拔节生长？成人也一样，如果觉得人生不是自己的，又有多少进取与改变的劲头呢？看似不管，可能是在大方向上把握和小事上放手，从而历练了孩子自我管理、自我负责的积极性和主动性。

教育就是生长，是知识、能力、智慧、人格、品行的尽情生长。

我小时候，也是幸运地得到了自由生长的机会和权利。每天只要完成了作业和家务，就和同学们在村前灯光球场上跑啊跳啊，玩各种体育游戏，或者和一群小伙伴一起在同学家里开联欢会，无拘无束。父母很少管制，很少唠叨，任你像野草一样疯长，像花儿一样绽放。

玩是自由的，学习也是自由的，全凭自己说了算。初中二年级，感觉几何不太强，暑假里我把堆杂物的那间阴凉的屋子收拾干净，每天窝在里面做几个小时的几何题，买不到课外习题册，就把书上的题目全做了一遍。父母也不管你，完全是自己负责，自己用功，自己平衡各科成绩，自己铆足了劲去实现理想。

当我们享受过自由的甜头，就会格外看重自由的价值。

可是，我们家长却不自主地做去控制孩子自由的事，且是越界的。

更不可思议的是，我们成年人，同时也不停地让自己往名啊，利啊，荣誉啊，称号啊，等等，有形无形的圈圈里钻，用这些外在的东西牢牢地束缚住自己本来可以轻快的手脚和本来可以洒脱的心灵。

或许正是因为我们自己进了各种笼子，所以我们也不自觉地要把孩子拖进来。

做教育的明白人
ZUO JIAOYU DE MINGBAIREN

等一等可以吗

听课，《我们辽阔的国土》一文，当出示了我国的陆地面积、海域面积时，当出示若干个欧洲才能抵得上一个中国、若干个日本才能和中国面积差不多时，此刻老师做了什么呢？马上动情地去渲染排比句，表达对祖国的赞美之情。

可是，这份赞美之情真的是孩子们油然而生的吗？不一定。如果此时，能让孩子们充分说说感受，那么，孩子的自豪之感才有可能真正从自己的内心生发，情感目标才能落实好。

听些思政的家常课，发现我们的老师有点性急，也有点迷之自信。性急在于一个问题抛出来，或一个环节设计出来，往往没说几个人，就迫不及待匆匆过场了，像赶着去追哪个航班似的；迷之自信在于明明应该交给学生思考、感悟的问题，老师凭着深厚的知识储备或投入的感情，意气风发地尽情展示一番，好像真的把课堂当舞台，老师是主角似的。

有些课中，老师讲解、说明，是最省力的，可并不是最高效的。小学的思政课程，更多的是活动课程，特别是中低年级，光凭我们说，孩子往往是不信的，是感受肤浅的，效果通常是不太好的，需要学生真正去经历和感知，学生有悟了，他们才能信。所以，应该有的活动不能少。

那就等一等吧，创设活动让学生经历、体验。因为儿童品德的形成源于他们对生活的体验、认识、感悟与行动。只有源于儿童实际生活和真实道德冲突的教育活动才能引发他们内心的而非表面的道德情感、真实的而非虚假的道德认知和道德行为。

家长也是一样的。大家仿佛都太性急了。

辑四
家教锦囊

当孩子犯了一点点错,我们恐惧之心马上起来,生怕不教育,孩子就会犯更大的错,就好像孩子会滑下深渊似的,忙不迭地叨叨个不停。

等等不行吗?孩子其实都是向好的,犯了错,孩子自己已经感觉到不妥了,如果事情不严重,我们按兵不动,静观其变,孩子觉得意料之外,自己反而去反思、去行动了。每个孩子都想让真正爱孩子的父母开心。

可是如果我们急巴巴地去教育,去控制,孩子就觉得不稀奇,犯错受父母批评,那是意料之中的事情,受了指责,事情就过去了,他的后果也承担了,对事情本身的对错、自己行为正误反而不思考了。

等一等,反而有可能激发出孩子的自我教育之心。

当孩子成绩有一点不理想,我们的焦虑之心马上袭来,担心着以后会不会越来越差,高中哪里读,好大学考不上怎么办,以后工作会不会成问题。

这样的恐慌和焦虑根本容不得我们如其所是、静待花开,赶紧当头棒喝,赶紧找老师,找补习班。可是,孩子的成长往往是有节奏的,成绩的适时起伏也是正常的,如果一个孩子有内驱力,有思考能力,适当的落后反而会激发他的斗志,促使他去寻找和提炼更好的学习方法。当我们过分着急,急切地替孩子去寻找资源,去做主时,也许孩子的成绩是一下子补上去了,分数是一下子漂亮了,可孩子自主的意识形成了吗?自我负责的态度到位了吗?于长远看,不一定就是有利的。

我们都不希望孩子碰壁,想早一点把人生经验告诉孩子。可以是道理再多,孩子还是要亲身经历才能心服口服。

等一等吧。

做教育的明白人
ZUO JIAOYU DE MINGBAIREN

穷人家孩子怎么引领

和妹妹一起走路，很自然地聊教育、聊学生。

她说到最近开展的一个口语交际活动，分小组演练后，让学生代表上台说说自己的家。

有个平时学习认真、文静平和的男孩子，居然说得特别好，还很幽默，让她非常吃惊，吃惊一方面在于孩子的出色展现，让自己想到很多孩子真的是给点阳光就灿烂，给个舞台就精彩，老师真的要多为学生创造多样化的舞台；吃惊还在于一个穷人家的孩子，说起自己家的那份坦然和自豪，让人动容。

这个孩子是个外地生，父母打工，房子是租的，也很小，大约是一室一厅的样子，有个小阳台。孩子是怎么说的呢？他说妈妈一有空总会在厨房里忙进忙出，为他和爸爸准备好吃的，会把卧室收拾得干干净净。爸爸忙碌之余，偶尔会在阳台的躺椅上惬意地吞云吐雾一会儿，爸爸说那时他很享受。这个五年级的孩子用非常幽默的语调描绘：我家最好的地方要数那个马桶，妈妈把它擦得非常整洁，亮闪闪的，而且还包上了好看的布，旁边放着绿植，装饰得可漂亮了。

同学们听得哈哈大笑。前面已有本地孩子炫耀地强调过自己的家有二百多平方米，也有外地孩子比较害羞而不自信地描述过自己家的简单朴素。

妹妹引导说，小的房子里，走得出积极向上、自尊自强的孩子；大的房子里，也可能走出不学无术、为社会添堵的孩子。父母和孩子有爱，有温暖，有陪伴，好玩有创意，有相互的支持和信任，哪怕房子很简朴，但家照样很温暖，父母孩子照样很幸福。

辑四
家教锦囊

最后，这个孩子还得了最佳展示奖。这个奖，也是对孩子的自尊、自爱、自信的褒奖。

于是，我很好奇地和妹妹讨论这个现象，去探索这样一个笃定的孩子背后站着怎样的一对父母。

这个孩子的父母，很温和，脾气都很好，打工其实很忙很辛苦，但对孩子的事情很上心，也非常支持老师。可见，这对父母，给了孩子很好的陪伴和爱，让孩子得到温暖和安全感。

这对父母，来校接孩子或参加活动，面带微笑，不亢不卑，不巴结，不迎合，不多言多语，姿态落落大方。人前基本不说孩子的缺点，也不在老师这里诉苦，是属于比较信任孩子的。孩子除不太多话外，各方面表现很不错，是个坦坦荡荡的阳光孩子。

孩子是父母的复印件，父母是孩子的原件。显然，这是一对自尊自爱的父母，也许文化程度并不高，但并不影响他们拥有做人的本真和智慧。

比如，在引导孩子如何正确而坦然地对待贫穷这件事上，确实是需要智慧的。一个孩子的幸福感和家里的经济状况其实并无直接的关系。小孩子除非你特别去教，不会有什么名牌意识、大房子意识。孩子穿的是旧衣服，不是名牌，但只要舒服，不会介意；家里虽然小点旧点，但只要干净有序，孩子也不会介意。孩子真在乎的，其实是家长花多少时间照顾他、陪伴他。所以，如果家长安贫乐道，并且充满自信，孩子也会如此。家长若是因为少几个钱就人前人后抬不起头，孩子就会跟着自卑和难堪。这是做人的智慧。

还得有沟通的智慧。你得告诉孩子，第一，家里虽不富裕，但父母凭着自己的本事，堂堂正正赚钱，养活老的、小的，也很了不起。家里需要好好规划钱的使用，不会胡乱花钱，但不影响孩子受教育和平时的生活。第二，一个家，大家相亲相爱，父母多关心、多陪伴孩子，一定比让孩子住着大房子却过着终日见不着父母的日子要强。家，重要的是有爱。第三，物质上的贫富都是暂时的，关键要看自己的素质。而这种素质，又是通过教育获得的。好好学习、好好做人，未来可期。第四，虽然家里不富，在金钱上帮不了别人更多，那就可以在学习上、生活上，多帮助同学，多帮助社会上的人。若加上父母平时乐善好施，在能力范围内多做好事，孩子耳濡目染，眼界、格局相应也会变大一些。

做教育的明白人
ZUO JIAOYU DE MINGBAIREN

这样教育出来的孩子，就会是有尊严、有自信的孩子。

心理学家认为，自尊是一种精神需要，是人格的内核。维护自尊是人的本能与天性。孩子的自尊心是他们成长的动力。

这对父母，他们很好地保护了孩子的自尊心，也用良好的心态积极正面地影响了孩子。由衷地为他们点赞。

辑四
家教锦囊

做老师的同盟军和好搭档

每年开学的第一天，一年级的家长牵着孩子的手，把他交到老师的手里，目送孩子开始神圣的小学生活。家长们的心里或许有些忐忑不安，因为不知道孩子能不能适应学校生活，是不是热爱学习，会不会喜欢老师、同学。很多家长同时也在担心，自己能不能成为一名好家长，会不会正确地引导孩子。

没人天生会做优秀家长，只要和学校、老师心往一处想，劲往一处使，努力学习，不断提升自己，一定能遇见更好的自己和孩子。

如何做助力孩子、让老师放心的家长？让我们来看看老师们眼里的几位好家长，找到学习的榜样。

201班城玮和芳慧妈妈，一人带龙凤胎，兼顾生意和孩子的成长教育。出于对孩子的责任和爱，在家校共育的环境下与能与孩子并肩前行，共同成长。并能积极配合家校工作，支持老师的教育，正能量满满。

203班嘉谦妈妈，"对老师工作的信任和支持"从来不是空头口号。家长没有因为放到海小就认为自己可以做甩手掌柜或放任不管了。平时积极和老师沟通，从沟通中及时发现孩子的问题，随之针对问题在家里制订出相应的改变实施计划，与老师同步。同时熟知老师对孩子的学习要求，对孩子的每一次回家作业，都按着老师的要求督促孩子，真正做到家校合一，一致的步伐，一致的态度，携手鼓励孩子前行。

409班冯烨家长，非常支持学校工作。孩子练习啦啦操赶不上校车，需要自己来接，家长从不含糊。为了准备孩子的讲故事比赛，故事稿和PPT修改了一次又一次。

做教育的明白人

ZUO JIAOYU DE MINGBAIREN

303班荟睿家长，每次背书作业或家校联系单上，都详细写着对孩子的肯定和期待，评价语充满着正能量，不仅鼓励了孩子，家校沟通也更有效。

308班诗涵妈妈，在家会和孩子一起阅读好书，各自专注地徜徉书海；会陪伴孩子朗读，做个好听众；对孩子提出的问题，会耐心地回答；让孩子做家庭小主人，培养孩子的责任心；平时鼓励孩子努力学习，不怕困难。所以，孩子习惯良好，成绩优异，懂事孝顺。每大周回家，会和妈妈分享学校大大小小有趣的事，并有小礼物送妈妈，有她画的画和手工作品，写上简短的心情小语，还有老师奖励的小零食；在家会帮妈妈分担各种家务。

这样的家长，是学校的福气，更是孩子的福气。

不做拖孩子后腿、让老师头疼的家长

但也难免有一些家长，做得不够好，且不自知，让我们一起看看，有则改之，无则加勉。

自以为是的家长——花了这么多钱送到民办学校，应该有好的待遇。孩子成绩不好，肯定是学校的教育质量不好；孩子出现不好的行为，肯定是老师没好好教育的缘故。

放任不管的家长——有说来接孩子忘记接孩子的；有自己打扮得漂漂亮亮的，孩子的卫生一塌糊涂的；有孩子脏衣服箱子里带回家，又原箱子带回的；有对孩子家庭作业不管不顾的；有把孩子全交给老师，平时对教师的要求和建议不闻不问的。有认为成绩好坏无所谓，快乐学习，以后会做生意就好的。

胡乱攀比的家长——经常会对老师质疑，人家为什么能坐在前排，我孩子为何不行？人家怎么当上小干部，我孩子为什么没有？人家孩子能考90分以上，我家的为何总是80多分？

小题大做的家长——看到孩子晚上回家脸上脏兮兮的，家长生怕孩子吃亏，马上询问孩子甚至老师，是在校受欺负吗？是老师这么不关心吗？

装模作样的家长——面上答应得好好的，会花时间引导孩子，或者故意在老师面前训子，表示自己很重视，实质上是不管的。或者是偶尔坚持陪伴几天，就向老师称功劳或诉苦了：老师，我工作实在太忙了，平时孩子都是老人照顾。最近我每天检查作业，让孩子每天读一会儿书，但孩子就是坚持不下来。这次又考差了，您看怎么办？

辑四
家教锦囊

虚张声势的家长——有问题先来个下马威，质问老师，或告状到校领导，让老师寒心。

苛刻严厉的家长——成绩一下降就来质问老师的；有断章取义看监控，对老师不依不饶的；在家对孩子也是只训不教，缺乏温柔和耐心。

死要面子的家长——有部分家长认为孩子表现不好，会证明自己以前的教育很失败，所以不肯如实与老师沟通孩子的情况或家庭的问题，往往是藏藏掖掖的。

焦虑心慌的家长——没经验，不会教，内心忐忑；孩子一有问题就六神无主，焦虑不堪。

理念错误的家长——学校组织学生拔草等活动，本来是培养劳动精神，个别家长认为不应该让孩子做；部分家长对孩子请假比较随意，认为不上一两天学没有关系，对培养孩子的坚持性和责任心意识不强；有些家长不懂"陪伴"的真正含义，孩子做作业，顾自己玩手机，没有做好榜样，也没有高质量的交流；有的家长对孩子十分宠爱，什么事都要帮着做，忽视孩子自主自理能力的提升；有的家长对孩子的交往不放心，人为干扰，阻碍孩子同伴交往能力的培养。

完美主义的家长——此类家长，几乎每天都要给老师打电话、发微信，询问孩子在学校的表现。班主任老师要管三四十个孩子，不可能每节课、每次活动都只牢牢盯着一个孩子；每次作业、听写、小测、考试，但凡孩子比起上次有一点点退步，就要找老师寻找原因，过程中还要伴随大量的倾诉。其实，孩子的成绩在一定范围内波动很正常，家长不必要事无巨细全盘掌控。这种权威型、强迫症型、完美主义型的家长会给孩子和老师都带来极大的压力。这样的孩子往往性格内向、敏感、偏执、自尊心极强，进入青春期后容易跟父母发生比较大的矛盾和冲突。

不做这样的家长，我们要做老师的同盟军和好搭档，助力孩子健康成长。

因为优秀的孩子多是优质教育的结果，问题孩子多是问题家庭的产物。孩子的问题大多不是孩子自身造成的，而是父母问题的折射，父母常常是孩子问题的最大制造者，同时也是孩子改正错误与缺点的最大障碍。

做支持学校、让老师欣慰的家长

家长把孩子送到学校进行教育，其实打的就是协同战，教师是您最亲密的战友。所以，当学校和老师对孩子有要求时，应当尽力理解和配合。那些随时抱着"考察老师"心态的家长，往往不自觉流露出自己的情绪。不论是在家长群里煽

做教育的明白人
ZUO JIAOYU DE MINGBAIREN

风点火，抑或是直接对着老师冷言冷语，那都是在削弱学校的权威性，只能让家庭教育孤军奋战。

信任老师，信任学校，有问题理性协商，没问题跟着统一的安排和步调走，坚决不掉队，也不自作主张跑到前面。

情往一处使，心往一处想。支持学校，热爱班级这个团队，让它充满正能量，一起凝心聚力，协助老师，推动孩子的成长。

父母也不要在孩子面前随意议论老师，一定要告诉孩子，你的老师是最好的，让孩子从心里接受老师，信任老师。因为亲其师，才能信其道。

及时跟老师联系，了解孩子的情况，解决孩子学习中存在的问题，尤其是孩子学习情绪出现问题时，及时和老师沟通解决，才是一个负责任家长的做法。这样的家长也会赢得老师的信赖、尊重和感激。

每位家长都应该明白，老师是这个世界上唯一与您的孩子没有血缘关系，却愿意因您的孩子进步而高兴，退步而着急，满怀期待，助其成才，舍小家顾大家，并且无怨无悔的"外人"。

所以，善待您孩子的老师，就是善待您孩子的成长。尊重您孩子的老师，就是尊重您孩子的未来。

辑四
家教锦囊

家长如何把握教育尺度

家长对孩子的教育，不能为所欲为，没有边界，也不能心中无数，放任自流。教育是有尺度的。关于德行、目标、规则、情绪、语言、爱，如何有分寸地正确引导，是检验家长耐心、智慧、爱的能力的。

一、德行管理——松紧有度

德行，品德和行为，一般的人，只看到行为，看不到实质的品德。

1. 聚焦现象

案例一：宅家时，一名初中生玩妈妈的手机，不声不响花掉妈妈支付宝里的上万元钱。

案例二：父母要上班，初中孩子在家不认真学网课，睡觉、打游戏、作业抄袭，老师意见很大，家长却无可奈何。

案例三：幼儿园小孩子，长得特别可爱，妈妈和别人聊天，没顾到她一句问话，就大哭，因妈妈不听她说的话而不停地骂妈妈。

家长问的都是，我的孩子怎么会是这样的表现？

2. 思考感悟

我们只看到了表现出来的行为，只看到了当下的行为，透过表象，其实是孩子的德行出了问题，不讲信用、不负责任、不自尊自爱、任性、不尊重父母、没有礼貌等。

做教育的明白人

ZUO JIAOYU DE MINGBAIREN

古人说得好：种树者必培其根，种德者必养其心。

对一个孩子，最要紧的是，培养好他的品德。我们很多家长，只看到了表面的分数，或者看起来可爱有趣的言行，而忽视了核心的德行培养。

3. 支招提醒

提醒一——阶段教育上先紧后松

孩子的教育，有个时间线的问题，也就是孩子问题的呈现往往具有滞后性。孩子现在的一些行为表现，其实是小时候埋下的隐患，不过是到现在显现而已，所以教育的难度也体现在这里。

比如，初中孩子的学习习惯不够好，可能几年前就已开始，孩子太爱玩电子产品，父母没有好好教育，只盯在分数上，被一时的成绩蒙蔽，而忽视了习惯的培养。

比如，高中的孩子不听父母话，不尊重父母，可能从小就受家人宠爱，养成了任性的习性，长大后就更自以为是、听不进批评了。

比如，小时候拿父母的钱，或者拿别人的学习用品等，东西很少很小，父母也没引起重视，到青春期后，孩子偷窃大了，这时候父母开始管教，甚至打骂，效果并不好。

小的时候，在德性上的培养要紧，就是系好第一颗纽扣，吃好开口奶。比如，自尊心、进取心、责任心、文明有礼、诚实守信等为人处事的素养，都要有目标明确，定向引领。等孩子大了，要相信孩子的主动性、判断力和三观，给予更多的信任和自由。这就是先紧后松，把握好教育的最好时机，应该紧时不能松，小时候松，等孩子大了，有自己的思想了，你发现问题不对，这时候再紧，他往往也不肯听你的了，已错过了最好的教育红利时间。

第一招——以身作则。

其身正，不令则从；其身不正，虽令不从。

你要求孩子怎么做，你先做出来，孩子才心服口服。

第二招——循循善诱。

一起玩，一起学，一起聊，与孩子关系良好，孩子就愿意听你的。

比如，有一位爸爸，通过对孩子的陪伴和循循善诱，及早在孩子的心里播下德性的种子。当孩子问他：爸爸，为什么刚才吃饭的地方旁边的一桌人声音那么

辑四
家教锦囊

大啊？爸爸回答：那是因为他们比较开心吧。孩子还是疑惑：那为什么你和我说话要那样小声呢？爸爸说：一个人心里不能总是装着自己，要考虑到身边还有其他人，我们不能要求别人做到什么，却可以要求自己不去做什么，这是自律。

提醒二——表象与本质上内紧外松

如果品德上没问题，行为上犯了错，又要适当松一些。比如，孩子学习兴趣浓厚，上进心强，但行为上考出了不理想的成绩，就要松一些，不要指责埋怨；孩子爱帮助人，但好心办了坏事，也不要过多批评；孩子拆了闹钟，也许他想探索一下构造，知道他的用意，就了解他的思想本质是好奇、好学、求知，拆的这个行为就不能打骂他了。这就是对行为适当的"松"。

案例：有个孩子比较聪明，读初中时，成绩是暂时领先的，但不用功，周末作业总是在周日晚上熬夜补一些，做不完就回到学校抄同学一下。老师家长最头疼他不爱做作业。但看看成绩很不错，还是随他了。

这个孩子不爱做作业的背后，是品行上有问题，侥幸学习，不肯下功夫，浮夸，想靠小聪明，责任心与自控力都不太好。到高中，还是老习惯，拖欠作业，不用功，学科一多，成绩就下去了，学习便没劲头，于是形成了恶性循环，最后厌学了。

这就是典型的只看到表面，忽视内在，只看到当下，没想到以后。

所以，家庭教育中，家长要善于用火眼金睛发现本质的问题，关注行为背后的品德，多在大树的根上下功夫，如果孩子还小，一定要把握契机；如果孩子较大，也应亡羊补牢，做出补救。

二、目标管理——远近有度

如果我们画一个头像，一个戴眼罩画，一个不戴眼罩画，显然是后面一个画得好。

可见，目标是行动的导航灯。

没有目标，我们就不会努力，因为我们不知道为什么要努力。没有目标，我们几乎同时失去机遇、运气、别人的支持。因为不知道自己到底想要什么，也就没有什么能帮助得了自己，就像大海中的航船，如果不知道靠岸的码头在哪里，也就不明确什么风对它来讲是顺风。

做教育的明白人

ZUO JIAOYU DE MINGBAIREN

目标是高山，就使劲攀登；目标是河岸，就拼力前游。

爱默生说过，一心向着自己目标前进的人，整个世界都给他让路。

1. 聚焦现象

案例一：问一个小学生，你的梦想是什么？小孩子说打游戏。访谈者说，这是爱好，不是梦想。小学生说，那你去问我父母好了。

案例二：以我女儿为例，从小就要学画，目标非常明确。高中画画培训，非常精益求精。高一、高二自己安排几个晚自习出去补习。因为有考艺术专业的目标，所以初中高中时，基本是没有空闲时间的，不是在读书就是在画画，连大年初五、初六都在画画，而且她也无怨言，很执着。因为有考研的目标，所以她大学里专业课学得特别认真，双休日，一般都是在看书作画搞设计，期末专业课得了全班第一名。高中时她不是很喜欢英语，上了大学后，第一学期就主动考出了三级，暑假里，一有空就看四级英语的单词，大二一开学，就考出了四级。所以有目标的人，家长基本不怎么用管。这里就有远近目标之分。

我平时要跟她聊的，就是一些有梦想的人的事例，给她鼓足能量。

2. 思考感悟

现在的孩子，哪怕高中生，基本没什么梦想，也不清楚以后到底要干什么。这个就是家长的失职。孩子稀里糊涂读书，随波逐流，只为争分数而考试，只为得好名次而努力。

学习是为了什么？家长需要高位引领。还是上文的那位爸爸，当孩子问他，爸爸，学习真那么重要吗？爸爸说，当然了，为什么这么问？孩子回答，同学说，好好学习以后考大学，将来有好工作，能赚大钱！可您不是说，赚钱不是人生的唯一目的吗？爸爸笑着说，赚钱当然不是。

那学习还有什么用？孩子不解地问。

爸爸说，学习第一是接受知识，增长见识，做一个有独立思考能力的人。掌握了很多知识，懂得了很多道理，才不会被各种问题所左右，不会轻易迷茫。遇到问题才会有解决的方法和自信。第二，我们学习是为了把知识传递下去。人类文明需要知识的传承，这个任务需要你们这些读书人去完成。

辑四
家教锦囊

3. 支招

第一招——看得见的榜样引领

疫情期间,有些医学专家,如钟南山、李兰娟、张文宏等,都是可以进行梦想引领的偶像。引导孩子向这些人学习,好好学本领,长大为社会做出贡献。当然我们也可以学习火神山、雷神山的建设者们,他们也为社会奉献了力量。职业无贵贱,人格无高低,只有贡献的大小而已。

有梦想的人是可敬的。所有的心思、所有的资源都朝着这个方向,坚持、坚强、坚定,很难不成功。

第二招——正强化,聚焦能量

我女儿从小对画画痴迷,我没事就叫她"小画家"。正月里亲戚们聚餐,女儿有时扒两口饭要我送去画室培训,亲人们往往会拖个后腿:"一天不画不碍事的。"我就郑重其事跟他们解释,咱帆是有梦想的人,肯定是抓紧时间的呀。女儿就更抖擞精神去学习了。有时看到她很认真地做作业,我就夸奖她,有理想的人就是好啊,特别自律,不用别人管。

NLP(Neuro-Linguistic Programming,神经语言程序学)的前提假设有一条:意之所在,能量随来。焦点在哪里,能量就会到哪里。

第三招——远近目标结合

家长要及时和孩子讨论阶段性目标,让孩子能一步一个脚印向前迈进。比如,初中的孩子,成绩一般,家长鼓励他每次月考体现"两分效应",一个月好好努力,每门课提高两分,这样总分可以提高 10 分。

远的叫理想,近的叫目标,结合起来,孩子方向明确,会遇见更好的自己。

第四招——支持鼓励孩子

孩子如果说理想是厨师,是园艺工人,不要用世俗的眼光去衡量,不要打击孩子,而是鼓励赞赏他,有梦想的人总是好的,就如大船,有梦想,就知道哪个风对自己有用,自己会找资源,有方向了。

进一步,则可以巧妙引导他,孩子,你的理想是厨师,我们要做有文化、有创意的厨师,一定要多阅读,多动脑,多向优秀的人学习。

三、规则管理——宽严有度

1. 聚焦现象

案例一：有个高一孩子，疫情期不肯听网课，整天玩手机，晚上经常熬夜玩游戏，早上起不来，饭也常不吃，把门一关，任父母催促也不理，父母焦急又生气，却无可奈何。

案例二：有个初中孩子，宅家时经常出去和同学约会，说好11点前回家，有时凌晨还不回，父亲很生气，说了不听，火起来就打一顿，亲子关系闹得很僵。

2. 思考感悟

现在的家庭，很多都是自由有余，规训不足。其实，父母有责任让孩子知道在不同的生活情境中，应当遵守的规则界限是什么，什么是允许的，什么是不允许的，都要及早渗透。

规则的引导首先要从家规的建立开始，在家里要有为人处事的规矩。如对老人的尊敬，对人的尊重和礼貌，做事负责任等，比如玩过玩具要收拾整齐，这是负责任的表现；不能在外面玩得很迟，因为父母会担心，这是不尊重父母的表现。

家规的建立要宽严有度。宽就是灵活，困难时给予帮助，建议时对症下药；严就是制定规则，坚决执行规则。必须做的事，家长是导师，做出榜样；可做可不做的事，家长是朋友，可以商量；不能做的事情，家长是警察，要管教。

比如，不能偷拿别人的东西，这是不能做的，若违反，家长就要严格管教；要好好学习天天向上，这是必须做的，父母就要做榜样，工作认真，闲时学习；提高分数，寻找资源，出外游玩，共同运动，制作美食，购买东西，亲子就可以一起想办法，商量着做。

有些家庭，要严格管教的事吧，居然可以商量着来，纵容着来；要做榜样的事呢，家长也没做出来；可以商量的事情，比如如何提高分数，反而变成了必须严格管教的事，变成了家庭里最大的导火索，引发了一场场亲子冲突。

很多家长说自己没威信，什么叫威信？对原则的坚守叫威，对承诺的坚守叫信。既有原则性，又有灵活性，家长的威信自然来了。

那怎样让家里有规则管理，并处理好尺度？

辑四
家教锦囊

3. 支招

第一招——规划时间

居家学习，要有时间的计划与安排。时间的安排，要符合孩子年龄特点，又能关注多方面内容，既有学习方面的，又有运动方面的，还有劳动方面的。

第二招——商量着合作

规则的制定，可以商量着来。大家坦诚交流后，一起讨论解决方法。比如对玩游戏，不玩不可能，不如接纳，但要商定规则，不能放任，比如定好这些规则——制订好学习计划、规划好时间、严格遵守时间安排、学习时认真专注地学习、每天看看课外书、用手机看好的少年儿童电影、每天玩游戏的时间不超过一小时、时间一到马上交还手机给家长或关闭电脑、超过时间就适当扣下第二天的时间、父母以身作则在孩子面前少玩手机等。定下就按方案不折不扣执行。

第三招——规则落实三步骤

关于规则，有三个要求：事前，制定原则，商定违反后果；事中，帮助、建议；事后，遵守原则，坚决执行。有的家庭，有事前约定，但缺少事后的反馈执行，那就让规则流于形式；有的家庭，没有事中的指导帮助，那不是放手，而是撒手。

案例一：有个男孩子读五年级，经常不完成作业，特别是英语作业。老师和家长就规则问题批评他，惩罚他。事前——作业必须完成，有规则；事后——要批评，要处罚，有执行。看起来很严格，可孩子还是经常这样。仔细一问，原来孩子的英语成绩很差，单词很多不会读，家里没人教，也不复习，作业就做不出来。这就是没有中间的部分，就是帮助，鼓励，指导。

案例二：有个小学生，放假时家里定好规则，每天玩手机不超过一小时，但来了客人，孩子吵闹着要多玩一会儿，家长就依了孩子；家长自己在说笑玩耍时，孩子又想多玩一会儿，家长又依了孩子。这就是执行的时候太宽松，规则就变得可有可无了。

在规则的执行上，家长要做出榜样，与孩子同步执行。比如遵守作息时间，家长也尽量不要熬夜和睡懒觉。

做家长确实是很辛苦的。特别是和孩子一起时，你就必须有教育者的清醒，严于律己，言行上要克制自己。

您是上游，孩子是下游，上游被污染，下游干净不了；您是原件，孩子是复印件，原件有差错，复印件也正确不了；您是榜样，孩子是模仿者，您对自己的行为负责，孩子才能得到好的样品。

四、情绪管理——内外有度

1. 聚焦现象

案例一：一年级孩子，父母脾气不好，总爱吵架，也经常骂孩子，好起来又好得不得了。孩子脾气也不好，和同学相处不很融洽。

案例二：有一名高中女孩，一到大考就失利。考前会特别紧张，复习不进去，晚上睡不好。（注：父亲对女孩特别严厉，初中开始，如果成绩考不好，会在大庭广众之下责骂。）

你发现问题了吗？孩子特别紧张焦虑，压力太大，这份压力，是谁给的呢？一旦考不好，父亲就要狠狠批评，孩子就会很害怕考试，特别看重得失，心态失衡。孩子会感觉父母不支持自己，不爱自己，内心的能量就不够，更没有勇气去无畏前进，无畏拼搏。

2. 思考感悟

家庭、亲情、父母的情绪往往是问题的关键所在。

一对情绪平和的父母真是孩子的福气。初为人父人母，本来就是一个血肉之躯，面对懒惰、犯错的孩子，会生气会愤怒，是人之常情。但是有些父母却不会好好生气，用力过猛，把负面的情绪转移到对孩子的人格攻击上。孩子容易出现各种表现，如脾气暴躁、叛逆、或压抑自卑。

聪明的家长，一定是会鼓励的家长，让孩子能量满满，信心百倍，于是状态优良，勇往直前。人生是马拉松，一时的失利又算得了什么？拥有自信、心态良好的孩子才能扛住人生风雨，才能走得远。

3. 支招

A. 内——就是家长管理好自己的情绪

情绪控制能看出一个人的文明程度。

家长焦虑时怎么做？不要把焦虑投射到孩子身上，自己处理好焦虑。比如听

辑四
家教锦囊

音乐放松自己，改变认知正确看待，换个角度眼前开朗，承认现实不好高骛远，多做运动放松身心，看淡成绩关注品行。

家长生气时怎么做？深呼吸几次，几秒钟后就会冷静一些，冲动的话就避免出口了。"一掐二泼三离开"，指掐合谷穴，泼冷水，离开现场，为的是不跟孩子正面冲突，等情绪平静下来再来解决问题。

还可以找人倾诉、写日记、唱歌等形式来放松身心、平缓情绪。家长还可以每天说说小确幸，聚焦快乐事情，保持正面思维和阳光心态。

B. 外——就是引导孩子管理好情绪

当看到孩子有负面情绪，如抱怨、生气、委屈时，家长往往觉得很有压力，常用的应对方式是：别再抱怨了（命令型）、你再说，我就让你出去（警告型）、男子汉嘛，心胸开阔些（说教型）、你怎么每次都这样？有什么大不了的（责备型）算了，别哭了，明天就好了（安慰型）、别想了，我们说点高兴的事吧（转移型）、爱哭你就一次哭个够吧！回头再跟你来说（冷漠型）等。

像上述的回应方式，让孩子觉得：自己的情绪是不合理的，感觉不被理解、不被大人接受。长此以往，就形成了沟通障碍。这些障碍，也极大地影响了亲子关系。

其实，当孩子处于强烈的情绪中时，他们听不进任何人的话。他们也不想听意见或安慰，也无法接受任何建设性的批评。他们希望家长能够理解他们心里在想什么，希望家长明白在那个特别时刻他们的心情。

情绪没有对错，但需要家长正确应对和引导。怎样帮助孩子处理负面情绪呢？

处理负面情绪有办法——先跟后带四步走。

第一步是接受，直截了当地说出你看到的在他脸上流露出来的情绪。接受的意思是说，我注意到你有这个情绪，并且我接受有这个情绪的你。当孩子感到自己情绪被注意、被接受、被尊重时，感觉就会好起来。

第二步是分享，先分享情绪，后分享事情，让孩子平静下来。

"那一定很伤你的心，是吗？""那一定非常尴尬吧？""你肯定很难受。""你确实会很生气。""你沮丧极了。""这件事让你害怕。""对你来说真是糟糕的一天。"这些话都是在分享孩子的情绪。

情绪感受未曾处理，直接谈事情不会有效果，只会让孩子的情绪更大。孩子的情绪若被看见、被尊重，那他的负面情绪很快会流通、会削弱。这才可以冷静地说事情，孩子才有接受家长引导和建议的可能。

第三步是肯定与引导，因事情而产生的情绪及内心动机可以被肯定，但必须引导孩子思考一些较为恰当的方法来处理负面情绪。

第四步是策划，与孩子一起讨论解决问题的方法，鼓励他自己学会处理问题。

举例：小刚的弟弟抢了小刚的玩具，劝说不听，弟弟还故意扔几下玩具，小刚很生气，推了弟弟一把，把玩具抢回来。

爸爸看到了生气的小刚，接受——我看到你有点生气，愿意和我谈谈吗？

分享——和弟弟吵起来，那一定很伤你的心。是吗？弟弟不守规则，又糟蹋你的玩具，你肯定生气。你能把前因后果跟我说说吗？

引导——你对弟弟抢走你玩具的行为很生气，我理解你的感受。但你推他就不对了。你想现在他哭了，这样，你们便不能很好地玩耍了，对吗？

策划——刚才弟弟走过来时，你要怎么说，他便不会抢走你的玩具？为了避免你不在时别人拿走你的玩具，你可以想出多少种办法？

家长如果能这样正确引导孩子的负面情绪，就能给孩子树立榜样，让孩子做好情绪管理，提高沟通能力。

五、爱的管理——浓淡有度

爱是美好的东西，让人感觉温暖，有安全感，心有归宿。但爱有时也是害人的东西，爱既能载舟，亦能覆舟。太浓的爱，裹得人喘不过气；太淡的爱，满足不了心理需求。度就是合适，爱要恰到好处。

1. 溺爱

溺爱的表现，如：有求必应、不定规矩、纵容任性、包办一切。

溺爱导致孩子任性。现在任性的孩子很多，都是被家长没有原则、不顾品行的爱宠出来的。

2. 缺爱

缺爱的表现，如：单亲家庭、关系不和、父母太忙、教育外包、父母幼稚。

具体讲就是，父母离婚了，一方关心不到孩子；父母关系不好，孩子缺乏安全感；父母忙于工作，没空管孩子；父母从小没有带孩子，孩子由长辈来教养；父母不成熟，顾自己玩乐，顾不上孩子的各方面需求，特别是心理需求。

辑四
家教锦囊

3. 假爱

表现一：忽视心理

家长只关注孩子生物层面即吃、穿、用、学习方面的养育，忽视心理层面的抚育。

心理层面，指孩子需要尊重、爱、信任、支持、自由、独立，需要一个可以自己说了算的人生。家长对孩子如果只有期待和要求，整天不说别的，说起来就是考试、分数、名次，孩子就觉得家长的爱不是无条件的。

身边很多案例证明，我们往往忘记了孩子首先是一个人，光保障有吃有穿，光对他提要求是不够的，他需要心理营养。

表现二：控制过多

控制型的爱，没有顾及孩子的想法，满足的是家长自己的需求。

控制无处不在，往往打着爱和关心的名号。

小时候，孩子明明不饿了，奶奶还要追着他喂饭；孩子摔了一跤，母亲抱起他说，不疼不疼。不疼是孩子还是母亲的知觉？长大后高中选课、高考填志愿，很多父母也要干涉，给孩子提供他们认为好的、有前途的答案。看似都为了孩子，却为以后埋下了祸患，只会让孩子把生命的主权让给别人。

控制之下，孩子慢慢就无法体验自我、认知自我了。孩子承受了太多的爱，而且这个爱可能是他并不需要的。压力多了，会抗争，会叛逆；太懂事，会压抑，做不了自己，会出问题，比如抑郁。

4. 真爱

真爱是接纳。

接纳孩子的不完美是需要勇气的。"我的孩子，为什么这么内向不肯说话？""我家儿子为什么这么调皮没有上进心？"放假走亲访友时最容易听到父母这样评价和困惑着。我们总是习惯性地去找孩子的缺点，去贴负面标签，表达恨铁不成钢，也传达出深深的焦虑。可能你不信，你只要爱他、信任他、接受他、鼓励他、引导他，孩子一定会朝着良性发展的。曾有实验证明说，大棚里的菜、圈里的猪，听着欢欣鼓舞的音乐，长得能比一般的好。无论是否属实，都提醒我们能不能接纳孩子的不完美，就像他们刚蹒跚学步时的跌跌撞撞一样？

孩子是草，就让他成为一棵碧绿的草；是树，就成为一棵挺拔的树。哪怕天

做教育的明白人
ZUO JIAOYU DE MINGBAIREN

生是棵歪脖子树种，那就长成有特色的歪脖子树吧。可是很多人，总想让草，长成树；想让树，开成花。我们家长有安然接受、如其所是的勇气吗？

接纳之后，才能定好目标，引导孩子一步一个脚印，去完善、去超越，去追寻更好的自己。

真爱是赋能。

作为父母，无论我们再怎么努力也无法避免孩子不会失败、受挫，所以我们唯一能做的就是让他知道家永远是最安全的地方，爸爸妈妈永远是最值得信任的人。

在他失败受伤之后，张开怀抱把他紧紧抱住，告诉他一切都会好的。只有这样，才能让孩子找到再次投入到这个世界的勇气，并且逐渐建立他自己的核心稳定性，成为内心强大的人。

疫情期，有位高三孩子宅家学习，孩子是个自尊心极强的人，有目标，但成绩不是特别理想，父母怕他松懈、不认真，把焦虑投射给了他，经常会说，记住你是个男人啊，自己的前途要把控，高考考不好，人生也没出息了。孩子一气之下，差点离家出走。

疫情期宅家时，其实初三生、高三生在父母眼皮下学习的压力也是不小的，开学未定，前途未卜，但凡有点上进心的孩子，内心不免是焦虑而恐慌的。有些抗压能力不够强的，自己已是牢牢抓着百把斤担子不肯放下来了。可是，从小又没吃过苦，挑担的能力又不强，这时，我们再念叨、数落、威胁，于孩子，又是加担子，稚嫩的肩膀就往往扛不住了，内心的皮质醇（压力激素）也会过量分泌，冲动的话或行为也跟着出来了。

在特殊的处境中或者平常的时光中，我们能给孩子赋能吗？

——孩子，我们理解你，你心中是很有打算的，父母一直会站在你的身后。

——孩子，看得出你最近很用功，但总是关在家里，状态不太好，适时去楼下打打球，放松放松吧。

——孩子，我们感觉关于时间管理，昨天你就做得非常好，有条不紊，再坚持一把，加油啊。

——孩子，你也想读好的学校，让心静下来，尽己所能，无论结果怎样，都问心无愧，人生路长着呢。只要像你一样坚持，一定不会差的！

像这样，适当为高压孩子松松绑、卸卸担，及时表达理解与支持、关心与包容，用语言、用行动为孩子赋能，孩子才能充满能量，精神抖擞，轻装上阵。

辑四
家教锦囊

真爱是理解。

理解孩子每个行为背后都有正面动机。孩子的成绩没考好，还故意装作无所谓的样子，或说些叛逆的话，可能是自尊心很强，在自我保护；孩子经常偷偷和同学去吃快餐，也许平时家里对这些食品禁令太多；孩子不再和你形影不离，没事就一个人躲在房间里，也许他想挣脱你的过多控制，求得自由的时间和空间；他总是想和你顶嘴，或许是他正进入青春期，有了独立意识，有了自己的思考，不再唯命是从。

理解有些缺点过错不在孩子，是亲子关系制造出来的，罪魁祸首是父母。比如孩子磨蹭这个习惯，有可能：父母有磨蹭的习惯，孩子潜移默化；父母替孩子包办太多了，使孩子觉得事情不是自己的事；孩子知道他一磨蹭，家长会着急，他就用磨蹭控制家长，内心偷乐；也许他只是一点点磨蹭，家长的指责放大了或固化了他的磨蹭，改变这个习惯，让他觉得是听家长才改变，会有点不甘心。

理解孩子有价值感的需求，每个孩子都想活出尊严，活出良好的感觉。

真爱是夯实德行。

对一个人来说，德行就像大树的根，根深才能叶茂。孩子的品德修养和责任心，要从小用心培养。

公交车上主动让座，看到垃圾能积极捡拾，得到帮助及时感谢，看见师长礼貌问好，外出购物自觉排队，公共场合轻声细语，自己的事情认真完成，犯了错误勇于承担。这样的品德和教养需要家长和启蒙老师潜移默化、耐心细致地引导和训练。

家长把握好教育分寸，做教育的明白人，着眼当下，放眼未来，让孩子健康快乐地成长，最终收获幸福。

辑五：做教育真人

一个"真"字指明了现代教育最重要最本质的属性。教师、家长作为教育孩子的实践者、引领者，要牢记陶行知先生提出"教人求真""学做真人"。教孩子求真知，学真本领，养真道德，追求真理，做真人。师长自己首先是追求自我完善的"真"人，以"真"字作为自己的立教之本，真诚地育好人。为人师长者，需要不断学习，加强情绪管理，提升思维水平，以坚定的理论自信、积极乐观的精神状态、真善美的健全人格感染影响孩子，只有用心用爱去向孩子言传身教，才会起到"润物细无声"的教育效果。

家长为什么要学习

现在的各行各业都非常重视岗位培训，甚至做个保洁员也要经过专业训练。而世界上最重要的一项工作——为人父母，却没有必要的培训，对于百年树人的事，实在是太让人胆战心惊了。孩子的第一任老师是父母，家长在孩子成长过程中的作用无可替代。而孩子在成长中的问题又是层出不穷的，家长如何应对？唯有学习，只有家长好好学习，孩子才能天天向上。

有把握地教育需要学习

现实生活中，许多家长是"无师自通"。只要有了孩子，就自然坐上了"家长"的"宝座"。有些家长相信船到岸头自然直，车到山前必有路，树大自然直，对孩子采用放养的方式；有些家长把孩子当成自己的私有物品、附属物，孩子的一切都必须按照父母的要求去做，如若不行，轻则骂，重则打；有些家长望子成龙，满腔期待，希望孩子样样优秀，家长累，孩子更累；有些家长则把孩子当成一个"宠物"，捧在手心怕摔了，含在嘴里怕化了，甚至在孩子面前表现得奴性十足……不学习，不懂得方法，就像无证驾驶，难保不出问题。到底怎样做家长？到底怎样成为好家长？孩子慢慢长大，有些以前好用的方法现在好像遇到了瓶颈；现在的得心应手能不能保证以后也顺风顺水？看身边朋友的孩子，小时候挺听话、挺出色的，后来为什么慢慢自行其是，不再听父母了？怎么办？那就持续学习，了解孩子，了解教育。

做教育的明白人

跟上时代步伐需要学习

社会发展很快，知识处于爆炸的时代，为了胜任现在的工作，我们需要不停地学习。每天都有新生的事物，我们要了解更多信息，让自己处于鲜活的状态，不断提升自己，让自己更有价值。社会竞争很激烈，不终身学习，很容易被淘汰出局，为了完善自己，提升核心竞争力，也必须持续学习。

保持以身作则需要学习

孩子是一张白纸，会模仿父母的行为。如果父母下了班选择游戏，孩子也会跟着打游戏，甚至成瘾；如果父母认真工作，在家认真学习，孩子耳濡目染，也会自觉地养成爱学习的好习惯。有一位家长在工作之余坚持学习、考证，她的孩子也深受影响，积极上进、成绩优良。孩子对怎样的父母的教导才会心服口服？言传身教、教有方法的父母。要了解孩子，要以身作则，怎么办？持续学习呗！

调节良好的心态需要学习

节奏快，各种比，是当下的现状。身忙心闲、情绪稳定，是父母必须修炼的功课，特别是妈妈们。现在的女人普遍很辛苦，事业要忙，家庭要操心，孩子要管，自己往往被疏忽了。久而久之，心情不美丽，身心不和谐，气不打一处来，看什么都不顺眼，很容易把气出在爱人特别是孩子身上，搞得全家都情绪低落、焦虑紧张。孩子学习劲头不足，与父母关系不良，说到底，是做家长的首先没有管理好自己的情绪和心态。所以，了解自己的个性、需求、心理，进行时间管理，都需要持续的学习。

活到老，学到老，终身学习，不仅是应对社会快速发展的不二选择，更是做一名好家长必需的选择！

辑五
做教育真人

先干为敬

听到一首韩国 Rap，里面有几句歌词或许你也有共鸣：要做就去做，想做就做，如果只是忧心忡忡，本能够顺利的事也会做不成……

（一）

前几天，有个在江西读高中的学生给我发信息说，老师，还有 150 天要高考了，我内心很焦虑，物理和数学成绩不够理想，上课听讲老走神，畏惧难题，越怕越不想做。静不下心来复习，但内心又渴望有好的高考成绩，能进理想的大学。我应该怎么办？

这首歌的歌词其实就能说明这个问题。我是这样回答他的：

亲爱的孩子，你一定可以的！进取心在字里行间可见一斑！高考逼近，焦虑与不安都是正常的，对自己有期待，对未来有想法才会这样。

老师有几点建议：1. 让心静下来，不多焦虑，不多想结果，只顾风雨兼程向前奔跑。2. 考虑一下生涯规划，看看自己想读什么学校，什么专业，可以问问相关的老师，这样，目标会清晰一点。3. 根据理想学校，对照历年录取分数，找找自己的差距还有多少，立足现实，定好每门课 5 分至 10 分的提高目标，跳一跳摘桃子。4. 目标明确了，就找问题、想策略，优化学习方法，寻找学习资源，跟好同学结对，互相鼓励、帮助，也可以多找老师谈心、请教。5. 保持好状态，做好时间管理，小步子迈进。我们是开始了才能厉害，不是厉害了才开始。现在赶紧埋头努力，不好高骛远，焦虑就少了。6. 无论是现在还是未来，咬定青山、

做教育的明白人

脚踏实地，让自己更强更优秀，都是真理。

孩子表示，接下去一定把心静下来，做好时间管理，认真努力，争取好成绩。

出来混最重要的是什么？是出来。

种树最好的时间是何时？十年前和现在。

想做事不要用想法，把想法落到现实最重要。行动是解决问题的工具。

（二）

中小学临近期末，老师、学生都难免有一种情绪如影随形，那就是焦虑。

说说老师这个层面。大家都想管理好自己的情绪，每天心平气和，争分夺秒，和学生一起与时间赛跑。不为屡战屡败的后进生的成绩着急上火，不为熊孩子的调皮表现火上添油，谁不想做个安静强大的美教师？

想有从容、快乐的期末复习心境，不在我们的想象中，不在我们的期盼里，就在当下每一个可以行动的瞬间。比如，小王老师带一束鲜花来上班，美丽了自己的心情也愉悦了办公室同事；比如，小方老师复习累了回办公室放首好听的歌曲，闭目养神积蓄能量，等会儿又意气风发走进教室；比如，小张老师下课时抱抱孩子们，安定孩子的心，传递爱也接收爱；比如，小周老师写写日记，做做冥想，杜绝与同事一起发牢骚说丧气话，睡前在操场上跑几圈，努力保持好心情，用好状态带领学生快乐复习。

先干为敬，马上做出来，正能量随之而来。

（三）

帆大一暑假时，专业老师觉得她手绘能力强，就告诉她可以提前学习电脑绘画，并给了她一个画吉祥物的任务。

这对她来说，当然是一个大挑战。

她也不多焦虑、抱怨或恐慌，打开电脑，找到网络教学视频，开始自学电脑绘画，然后同步在纸上一次次试创作吉祥物样式，当掌握了电脑绘画入门技巧后，就开始在电脑里创作了。然后一次次和老师交流，一次次修改调整，直到老师满意为止。

先干为敬，想到了就出发，不过多描绘蓝图，也不过多纠结忐忑，专注于手

辑五
做教育真人

头的事,专注于当下。

帆说,休息天,或是早上没课的日子,有个宿友每天晚上睡觉前下决心,明天一定要早起,不赖床,到食堂吃早饭,可第二天早上还是硬生生睡到了中午。然后当天晚上又恶狠狠地表决心。帆呢,也不多说,但每天早上7点多便起来了,不睡懒觉,食堂里吃了早饭,就开始画画、做作业。

我跟她说,晚上尽量不要熬夜,11点前睡,第二天早起再努力。所有熬的夜,岁月和身体都会一五一十还给你。早睡早起,滋阴又补阳,学习效率也高,关键是年轻人迈出了自律的步子,前途自不可限量。帆很认同我的观点,二话不说,先干为敬,直接付诸行动。

人到中年,身体发福,体能下降,多少人晚上立志,明天开始撒开腿管住嘴。可到了第二天,嫌天气太冷没法走路,看到大餐想想吃饱了才有力气减肥。然后,体重在日复一日周而复始地立愿、推翻、后悔、再立愿中只增不减。

先干为敬吧,当下做起,不要在想法中自我安慰,直接在行动中体现效果。

想做就做,毫不迟疑,自律的人生很酷。

愿你仍有少年心

孩子们叽叽喳喳地从办公室窗前走过,是去上形体课吧,抛下串串银铃般的笑声。

看到孩子,想起六一节也快到了,于是很自然想到了一句网络热语——出走半生,归来仍是少年。

少年的青春,少年的颜值,少年玉树临风的风采,是多少人梦中所求。

其实同样的含义,早被宋代大诗人苏轼写过了。苏轼在《定风波·南海归赠王定国侍人寓娘》写道:常羡人间琢玉郎,天应乞与点酥娘。尽道清歌传皓齿,风起,雪飞炎海变清凉。万里归来颜愈少,微笑,笑时犹带岭梅香。试问岭南应不好?却道:此心安处是吾乡。

赞的是受苏轼"乌台诗案"的牵连,被贬到岭南蛮荒之地宾州的王定国,万里归来颜愈少,谈笑风生,气宇轩昂,真的是"出走半生,归来仍是少年"。

要有怎样的心态,才能归来仍是少年?怎样的心,才算是少年心?

少年心,是能勇敢表达爱的心

孩子爱你,就大胆表达,恣意表现。我曾写过:孩子就像春天,纵情而痛快地表达对这个世界,对喜欢的人的爱,简明干脆,直抒胸臆,不会因为这个世界和世上的人难以捉摸而含而不露;不会因为可能会没有相应回报而前思后想;不会因为你爱不爱,而放弃自己的绽放和表达;不会因为你藏着掖着,而收敛自己的那份灿烂;不会因为你的一时嫌弃,而暗自枯萎与衰败。

辑五
做教育真人

而那因时光打磨，不是越发精致而是越发粗糙的成人的心，变得审时度势，变得谨小慎微，变得含而不露，生怕吃亏、受伤，生怕竹篮打水一场空。

向孩子学习，大胆去爱、奉献爱、接受爱，哪怕生活偶尔让你失望。可你总归热烈而痛快淋漓地活着，未曾辜负了时光和生命。

当站在生命的尽头，也许我们最懊恼的不是曾经的付出，曾经的痛苦，而是曾经过分的小心翼翼，不敢活出自我，不敢活出风采。

无所畏惧，不是少年心吗？

少年心，是热爱生活、朝气蓬勃的心

办公室的郦老师琢磨出一套体能训练操，大课间时练得满头大汗。身姿挺拔、精神抖擞的，误以为是哪个自律的姑娘呢。

办公室的孟老师，培育了满阳台的花草，休闲之时，便是侍弄花草、修身养性，欣赏美、记录美。

很多班主任，把班级活动搞得活色生香、丰富多彩，孩子们学得有劲头、有激情，老师的成就感满满。

L同学，已经在群里倡议并开始偷偷安排，六一节，召大家吃饭，还安排了节日礼物，多么惊喜而有盼头的事。谁说六一节一定是孩子的专利，你若有一颗热爱生活的心，你就可以把日子过出仪式感，把每一个平淡的日子过出新意来。

这些，难道不是少年心吗？

少年心，是专注当下、拥有小确幸的心

当你看到一个孩子玩玩具或玩游戏时，那份心无旁骛和专注，是不是让人很动容？

成年人太忙碌也太焦虑了。为工作、为生活、为家庭、为子女、为前途，心猿意马，疲于奔命。虽然身体在当下，心却迷失在了放不下的过去和不确定的未来的断层中。

学习孩子，把注意力投入在此时此地、此情此景，只关注当下的感觉，只做当下事。

学习孩子，为一点点小收获而欢呼雀跃，为一点点的小美好而欢欣鼓舞。

做教育的明白人
ZUO JIAOYU DE MINGBAIREN

看,蔷薇花开正艳,栀子花开正香,枇杷已熟透,李子正长成,你发现了吗?

看,脚下的小蚂蚁正奔波觅食,花丛中的蜜蜂采蜜正忙,阳光在绿叶上闪烁出无数个跳跃的小精灵。你注意到了吗?

少年心,纯然体验当下的幸福。

少年心,是爱,是希望,是活力,是昂扬向上的姿态。愿我们,纵使混迹江湖已久,归来仍有一颗少年心。

辑五
做教育真人

随它去吧

相依相随五年半的钥匙寿终正寝了,锁坏了,换了锁,换了钥匙。新钥匙配来了,老钥匙怎么处理呢?只能扔了,否则容易混起来,反而给自己添麻烦。

办公室同事感慨说,陪伴了五年半,说告别就告别了。

天下没有不散的筵席,人尚且如此,何况是旧物。

放弃、离别、目送,我们不断上演着这样的戏码,给平淡的生活增添一些思绪万千,或者一点为赋新词强说愁。

也不是假愁,更多的是真愁,是真感伤。可是,无可奈何花落去,你又能阻挡什么?随它去吧。

感情,随它去吧

依赖、迎合、强求,失去自我的同时,有时也是削足适履,换来的反而是难受、失望、痛苦。

无论你几岁,是风华正茂的少年,还是年近不惑的熟女,你只需要做好自己。就像"做一棵树,站成永恒,没有悲欢的姿势,一半在土里安详,一半在风里飞扬,非常沉默,非常骄傲,从不依靠,从不寻找"。

你只需要不断成长,精神成长,灵魂成长,学会安静,学会自洽,最终,你会遇见最好的自己。

孩子,随它去吧

填志愿,何必顺着你们的意。

假期里,朋友说,为了志愿一事,真是伤透了我的心,明摆着填这个志愿,咱有背景有资源,可孩子偏要报冷门,冷战几天,还是只能依他自己。夫妻俩心情十分不佳。

做教育的明白人

ZUO JIAOYU DE MINGBAIREN

随它去吧，孩子的志愿，是孩子自己的兴趣，孩子的人生是他自己的人生，我们要包办到什么时候？我们认为的人生，就一定是好的人生吗？

孩子读大学去了，有妈妈病倒了，全心全照顾孩子这么多年，突然之间孩子像断了线的风筝，再也收不回线，一时妈妈如抽去了主心骨，顿时没了力气，没了精神。

随它去吧。人生，分别是常态。孩子展翅高飞，我们只有目送，并且告诉自己，不追。

时光，随它去吧

时近年底，感性者纷纷感叹，多舛的2020终将过去，庆幸我们国家的战斗力，庆幸我们都还好好生活着。

活着，是中国百姓最执着的姿态，是与命运抗争最顽强的行为。

好的，不好的，都随它去吧，活着就是希望，就是生命力，一切皆有可能。

岁月易逝，红颜易老，这些难免矫情的感慨，个人伤春悲秋的哀怨，在动荡的社会中，在无法把控的生命的河里，都随它去吧。

健康、平安就好。

辑五
做教育真人

对家长的另一种体贴

老师体贴家长，从何说起？

不是嘘寒问暖，不是主动示好，不是不提要求，不是对孩子另眼相看。

是理解家长的不容易，是平静地看到家长情绪背后的需求。

简单地说，就是能善解人意、换位思考。

Z老师告诉大家说——都说陪伴是最长情的告白，谁都想和孩子一起嬉笑打闹，共度美好时光。但是生活不是你想怎样就能怎样。我们班有个家长在杭州一个水果批发市场工作，每天在朋友圈发的内容就是水果市场里的所见所闻和一天的营收业绩，看似很空、很悠闲。因为孩子的作业表现不理想，我就打电话向家长反馈，孩子妈妈听完后哽咽了，非常难受地和我说起自己的工作，我听了真的很震惊：夫妻俩每天半夜12点就出门去市场做生意了，一直忙到第二天傍晚四五点，市场关门歇业了才回家。到家吃了晚饭就必须睡觉养足精神。别说给孩子辅导作业，连开开玩笑聊聊天的时间都特别少。原来看似无聊到处拍视频发朋友圈，并不是真的空闲，而是在传递信息、招徕生意。对这样的家长，我们真应该多一分理解；对出自这样家庭的孩子，我们真应该多一份慈悲。

Z老师就是善解人意的老师。很多家长，忙于生活的奔波，抱起砖头便抱不了孩子，家长对孩子辅导不多，关心不够，有时也实属无奈，并非主观不愿意。每个家长的境况都不一样，理解他们的不容易，就会少一些指责和对立。

同时，家长的表现也是多种多样的。如果多一份换位思考，也许能从他们的不同行为后面解读到不同的情绪和感受，从而多一份体贴和理解。

一位家长在班级群里突然很不客气地发了一句：好端端的孩子，到学校里上

做教育的明白人

ZUO JIAOYU DE MINGBAIREN

学，居然沾来了虱子，是哪个同学不讲卫生，身上长虱子呀？

一般的班主任都会怎么想？这个家长，就是这样宽以待己、严以律人，为何一定是同学传给她的呢？家里的可能性肯定最大，或许孩子去抱过宠物什么的，怎么不分青红皂白就推卸责任、嫁祸于人呢？

如果老师马上在群里进行说明，或单独致电给家长进行解释、说理，估计效果并不好。

家长有负面情绪，情绪背后是需求，让我们先学会共情，敏锐地看到她的情绪和需求。当然，可以是单独交流。

如果运用萨提亚的冰山理论，可以从多个层次进行共情。

感受层次：听得出你很担心。

观点层次：你觉得每个小朋友应该讲卫生，不能影响别人。

期待层次：你希望自己的孩子和大家都是健健康康的。

渴望层次：你渴望得到关注，得到安全感。

这就是站在家长的立场看待事情，就是换位思考。每个人都在当下做出他认为的最佳选择。你共情到他，就理解了他。

理解了她行为背后的需求，首先你能平静。

然后，家长被充分共情和理解了，你"看见"了她，她也平静了。接下去你就可以引导她，可以对事情进行解释，以更好地解决问题。

很多矛盾，就在换位思考中化干戈为玉帛。

有的家长对孩子的作业不肯签字，也许不是存心作对，而是没时间，或者很自卑，因为字实在太烂了。我有个亲戚就是这样，他说根本没勇气下手签字。

有的家长在校门口接人时碰到老师，头也不回就走了，老师认为家长自以为是、不近人情，对家校协同不重视，也许真的是错怪他了，也许他只是很内向，或者是看到老师心中发怵。有个朋友说，她初中时英语成绩很烂，买了新房子，发现以前的英语老师居然住在同一小区，害得她每次远远看到老师，就赶紧拐弯，很难有勇气主动迎上去聊家常，心中虚得很。如果你只用"没有礼貌"去评价她，也许真是冤枉了她。

一旦换位思考，发现这个世界原来真不仅仅是我们看到的那样。

辑五
做教育真人

心灵成长，收获快乐

学校各种教研活动很正常，读书会如期举行，教师们积极上进，不断学习，提高自己。可是，老师们却时常有困惑来询问，比如，常感到心神不宁怎么办？调皮学生总是让自己很头痛怎么办？怎样调节好情绪？怎样持续地保持好状态？怎样更好地实现自己的价值？怎样更快乐幸福？……

在这个快速发展的时代，很多人都很焦虑和浮躁、疲累和奔忙，心态不好，情绪不良。学校虽然是象牙塔，但人都是社会的人，特别是民办学校，有工作压力，有招生任务，有利益冲击，太多的人，都无法独善其身。

这样的情境中，谁先能静下来，谁就是自己的王，心静了，则无论外在环境如何变幻，这个世界就是静的。平和安宁、快乐幸福也能随之而来。

追求高质量教学，是学校办学、教师工作的核心。学者说，减负增质，有三个渠道，一是提高课堂效率，二是完善课程体系，三是提升教师的幸福状态和能力。我想，后者应该就是心灵成长的能力。

所以，关于教师心灵成长这个话题，看似跟教育教学关系不大，实则很重要。对教师的心理健康，对学生的在校学习质量，对课堂教学成效，都是有积极意义的。

柔弱者灵活，让静心和幸福成为可能

所有的教育者，都应当具有水一样的柔弱和美德。柔弱，莫之能胜也。我们老师们确实具有水一样的美德。能对家长柔弱，有些家长很难交流，我们却能放

做教育的明白人

低姿态，做好沟通，引领他们；能对学生柔弱，有些学生问题很多，我们却能容忍克制，让学生按正确的轨道良性发展。

民办学校的老师往往比公办教师更多一份克制，更多一种迂回和示弱，也更能忍耐家长学生。比如：

家长对教师工作有误会，来质问了，老师往往会这么说：

我知道，您对孩子的教育是非常重视的，家校紧密联系，更有助于孩子的健康成长。所有的家长都想让孩子成长，所有的老师也想让孩子在校学习好、生活好，我们的心是一致的。

你能实事求是地指出来，说明信任我，非常感谢。你这样说是有道理的，我很理解你。站在孩子的角度，确实不太好，我们会继续努力完善工作。我相信，你是理解老师、支持教育的家长，让我们保持这样良性的沟通。（放低姿态，充分共情，达成共识）

学生常常没完成作业就玩，老师会这样引领：

老师知道你很爱学习，也很负责任，你是个智慧的孩子，让学习变得好玩，在玩中学到更多，老师相信，学中玩，玩中学，你都能很好处理的。（尊重鼓励、充分信任）

学生边玩边做作业，老师会这么说：

"你没有因为要玩而草草做完作业，努力确保作业的质量，这是值得肯定的。我想你可能已经发现，一个人同时做两件事情不太容易，会导致两件事的质量都受到影响，通过做作业能培养的严谨学习的品质不容易发展出来，而玩也玩得不安心不尽兴。所以，老师希望帮助你意识到这点，并养成合理安排时间的习惯，这对你一生非常有用。"（尊重为先、善意提醒、放眼未来）

上述案例，都是巧用 NLP 的语言技巧去和家长、学生沟通，努力想达到良好的效果，可见老师们的用心良苦。

教育是一种守候，需要忍耐，需要等待，需要慢慢积累。揠苗助长，一蹴而就是不可能的。学会放低身段和姿态，学会向成长规律臣服，学着不急功近利，不朝令夕改。

我们能放能收，能屈能伸，就具备了静心和幸福的前提条件。因为灵活的人，最能掌控全局。

辑五
做教育真人

坦然者清醒，让心灵的成长成为必然

人的发展分三个境界。

第一境界是趋利。在民办学校，招生、控流有奖，还有这个奖那个奖，君子爱财取之有道，这个道是仁义，是道德底线。守住底线，趋利是正常的。

第二境界是逐名。不是说纯粹为了出名，是珍惜名誉、珍重口碑。这个就需要教师们凭本事吃饭，要有拿得出手的特长，要有让学生、同事、家长心服口服的教书育人本领。

第三境界是安宁。到一定时候，要注重灵魂生活的质量，要不断学习、开阔眼界，让心少一些心浮气躁，少一些跌宕起伏，多一点静心，安心工作、生活、教育、研究。先入世，后出世，以出世的心做入世的事，更符合现实，也更有利于心灵的成长和健康。

根据马斯洛的需要层次理论，人还有受人尊重和自我价值实现的追求，这才是人的高贵所在，格局所在。对于教师来说，最终追求心灵的安宁，让自己安身立命、知足常乐是正常的、必须的、应该的。

修炼者明智，让幸福的目标化为行动。

但"必须"的事，不是轻而易举能达成的，所以需要修炼，修炼我们的心。

1. 控制情绪

人的高明在于能调节好自己的情绪。

有个很显性也容易实施的行为塑造法，教师可以训练，学生也能。"每天微笑、每天思考、每天锻炼"，这是很好的三条行为强化训练，给自己以正面暗示，长此以往可以形成习惯。微笑体现心理素质和文明修养；思考体现主体学习意识和课堂效率；锻炼是抓习惯抓体质。素质教育的大多方面都包含在这样的行为训练中，简单、可操作、可检视。

注重心情的教育，才是美好的教育，才是回归心灵深处的教育。人的心情一好，工作和学习的效率就会提高，因为人的一切创造都是在自由轻松的状态下发生的。

孩子只要心情好，到学校后，整个身体的细胞是开放的、舒畅的，保持这样

的状态学习，学习就会变得快乐。应试教育下为何很难出创新人才？不是应试不好，是有时操作的手段和策略比较极端，扼杀了学生的积极性主动性，剥夺了太多的自由。老师也一样，心情好，事务再多，工作再累，有奔头，效率高；心情不好，工作没劲，效率低下，身心疲累，负面情绪还传导到学生身上。

当身处特定环境，遇到特定事情，情绪来了，可以试试六秒钟冷静法——吸气、呼气。吸气时对自己说："头脑清晰，感觉舒服。"呼气时对自己说："身体放松，微笑展现。"然后注意力经过舌头、下颌、肩膀，人就放松下来。平静下来，才有可能更冷静地处理事情。

2. 优化信念

（1）运用ABC法则——A（触发事件）、B（信念）、C（引起的感受），很多人以为C是A的直接后果。但奇怪的是，相同的触发事件对不同人来说会引起多种不同的感受。所以我们知道B（信念）才是决定性因素，主导内心感受。改变信念能改变情绪。

A——孩子淘气不听话。B——这里的孩子就是难教。孩子品德就是差。C——生气极了。改一改信念——孩子挺可怜的，孩子有情绪，说明有需求，我要像妈妈一样关心他，让他得到爱的滋养。另外，正是因为有些孩子很特殊，家长又没空教育，所以送到了我们学校。没有他们，就没有我们的工作，我们要感谢这些孩子才是。这样一想，气就没有了，心平气和了。

心态一半取决于性格，一半取决于涵养，保持对自己的觉察，克制自己，修炼自己。

（2）在NLP学说中，有一些卓越信念，可以用来鼓励自己，让内心变得平静而积极，比如：尊重别人的内心世界；没有失败，只有反馈；凡事必有最少三个处理方法；别人做得到，我也做得到；人都会在当下做出他们认为的最佳选择；并无难相处的人，只有不善变通的沟通者；人的行为不等于他的本质；所有人拥有获得成功的全部资源；人不能不沟通；沟通的意义在于你得到的响应；最灵活的系统或个人，最能影响全局；每个行为背后都有其正面动机；重复同样的做法，只会得到同样的结果；如果现行方法无效，就要改用其他方法；意之所在，能量随来；若要求知，必须行动……

这些信念，灵活运用的话，可助力工作，不断优化和改变信念，提升思维能力，帮助增强负面情绪的摆脱力，提高自己的智慧和情商。

辑五
做教育真人

3. 换位思考

站在学生的角度考虑问题：

事例一：生活老师让学生剪短头发，理由是便于清洗。这件事有道理，但效果不好。我们站在了自己的角度考虑问题，而不是从学生的角度考虑，有些学生喜爱长发，经常要跳舞啊表演啊，长发好。工作是简洁高效了，但人文关怀往往就少了。

事例二：一、二年级孩子，在适应住宿生活的初始阶段，晚上很想家，肯定想要温暖、关爱。可以让她们带个小玩偶来，睡前抱一抱，有更大的心理安全感。老师抱抱他们，和她们在童话情境中道别。眼里有孩子，而不是光图工作的简单、省时，更是真正为孩子的身体和心灵、现在和未来着想。

站在家长的角度思考问题：

他们交给我们一个孩子，我们还他们一个怎样的少年儿童？民办学校家长付的学费多，提的要求也很多，而且有时比较苛刻。设身处地想想家长的心思，家长花那么多钱，把孩子送过来，就渴望孩子成绩好、品行好，全面发展。哪怕是奢望，他们的想法也没有错，要求高也是正常的。如果我们这样想，对家长、对学生的态度就能更冷静、客观、理性和包容。

多换位思考，就对人多一份理解和宽容，也能不执着与纠结自己，让自己也获得轻松快乐，这难道不是一种心灵成长和完善吗？

4. 提升修养

孟子说，人生有三大快乐，父母健在，兄弟平安，这是第一大快乐；上不愧对天，下不愧对人，这是第二大快乐；得到天下优秀的人进行教育，这是第三大快乐。从第三条来看，恰好我们的职业，具有其他职业没有的价值。

我们可以去影响学生的人生，可以去研究很多的教育现象，我们的生活是非常有意义、有价值的。没有一项职业，需要像我们一样持续做着培育未成年人心灵的工作，可以说是功在千秋的事情。

我们不仅依据教材在教导学生，我们也在根据多变的生活情境引导学生如何求知、做事、做人，我们会不由自主地创造出许多优化学生品行的微课、情境课、即时课、生成课，既突破自己的当下，更福泽孩子的未来。教师工作的趣味、创新、机智和价值也能充分体现出来。

做教育的明白人
ZUO JIAOYU DE MINGBAIREN

总之，人最重要的任务，是寻找自己、安放自己、成长自己。幸福的密码就在自己心里，幸福的开关就在自己手上。幸福其实并不难，拥有好的心态和状态，就有幸福的心境和生活。

辑五
做教育真人

是时候调整自己了

一到学期中间,事情多、任务重,大家就像开长途的汽车,油不多了,车况也不优良了;犹似一匹一直快马加鞭被赶着跑的马,状态差了,速度慢了;又如一个跋山涉水的旅人,精疲力竭,急需要停顿驻足,喘气休整。

可是,该来的还是来,该做的还必须做。职场里没有同情,泪水也不管用,有的只是强打精神,风雨兼程。

但是,如何来调整自己,那肯定是有方法的。

(一)

有目标,有理想肯定是极好的,可让自己的行动更有方向,做事更有劲头。可是,有些梦想过于高远,跟自己的能力不相匹配,这个时候,就会特别焦虑、烦躁,静不下心来。当你日思夜想、梦寐以求时,却往往事与愿违,因为有可能是好高骛远、急于求成。

所以,要让野心配得上能力,要么降低野心,减少欲望,加强修炼,平静内心,方能知足常乐;要么必须学习、学习、再学习,沉静下来,踏踏实实,每日精进,只问耕耘,不问收获。慢慢地,你也许会变得越来越优秀,很多事先不期望的,也往往比预想来得更快些、更意外些。

上帝送礼物,一般都是在你忘记了求的时候,不经意间,门口或窗口,就偷放了给你的惊喜。

做教育的明白人

（二）

反思与复盘是一个人不断进步的渠道。无论是育人的班主任，还是学科教师，或是管理者，抑或其他人，如果能把工作的过失及时写下，寻找原因，优化对策，长此以往，无论教学、管理、育人还是其他工作，都将大大长进。

可是，很多人，总是把失败的原因归结到外界，或抱怨员工难管，工作执行力差；或埋怨学生太不自觉，成绩总是提不高；或迁怒家长，家庭教育太差，影响到学生的习惯品行太难改。

事实可能也是事实，可是如果抱怨能解决问题，我们何必还殚精竭虑去思考、去寻找新的办法？

而且，既然选择，就得去想到，所有的事是为自己而做，则无怨无悔。也许自己的控制欲强，这份差事让你仿佛得到了控制世界的感觉；也许自己的价值需求很大，需要在不断努力中提升自己的价值感；也许仅仅是为不虚度光阴有点充实感，也许是为了生存和生活……那么，生活中的一切不都是在成就自己吗？

如果事情总是层出不穷，疲于奔命、倦于应付，是否也得问问，自己在恐惧什么，为何不能理直气壮去做减法呢？

如果问题总是周而复始，老生常谈、老病重犯，是否也得问问，自己在固执什么，老办法不就得到老结果吗？

把矛头指向自己，反躬自省，是需要勇气的。

（三）

你我都是凡人，负面情绪难免会出来。

可是，情绪它还真是个假象。因为它不是必须要出来的。它其实是我们对外事外物赋予的意义，是我们对周边的人、事、行为的主观看法而导致的身心感受。所以，同样一件事，有些人会产生愤怒的情绪，有些人却一笑了之，气定神闲；同样是一次考试，有些人充满抱怨，有些人却把它看作是学习的契机而心平气和。

你心里有什么，就会看到什么；同样，你怎么看待遇到的事，心里的感觉也完全不一样。

活得快乐与否，其实并不取决于环境、外物，而取决于你的信念和价值观。万物本无好坏，是我们置于其上的价值观让负面情绪升起，继而伤害了自己和他人。

辑五
做教育真人

量子物理学告诉我们，每一个带着负电的电子，必有与之匹配的正电子。换句话说，如果一件事看上去极坏，那么一定也蕴含着一些极好的东西。

每一件事都对我们有利，唯一的问题是我们自己是否愿意开阔心胸，去探索、去发现、去调适。

调适自己，让自己继续有力量去坚持、去奋斗的方法很多，比如倾诉、运动、打坐、听音乐、换位思考、娱乐、写作等。

我们要有智慧找到适合自己的方法去呵护身心，重整旗鼓……

做教育的明白人
ZUO JIAOYU DE MINGBAIREN

做高效能人士，你也行

《高效能人士的七个习惯》是一本让我受益良多的书籍。

高效能人士的七个习惯：一是积极主动，二是以终为始，三是要事第一，四是双赢思维，五是知彼解己，六是统合综效，七是不断更新。前三个习惯关注个人领域的成功；四、五、六三个习惯关注公众领域的成功，是关于团队建设，人与人交往的；最后一个习惯是自我的完善与提升。

我想说说关注个人的两个习惯——积极主动、要事第一。我，我们，在生活中可以怎么努力践行出来。

很多事情，只要有利于工作或更多的人，只要我主观愿意，我会积极主动地去做。临渊羡鱼不如退而结网，与其抱怨不如主动为之。比如，开学后看到一年级好多孩子哭哭啼啼，家长再三表达不放心。我感觉需要写点什么，来触动到家长，放下焦虑和不安；也提醒到老师，正确对待孩子的现状。开学虽然一直在忙，但始终牵挂心头，于是想方设法利用业余时间撰文《亲子分离，到底谁更焦虑》，引起广泛转发，让很多家长深有体会，也引起反思。甚至有朋友，孩子读初中了，照样遇到这样的问题，看到文章和我交流分离焦虑的话题。

工作上，因为集中培训的大型活动总是有限，为了更好地影响和引领更多的班主任及家长，我再三思考，开学推出了工作室一个"德育园地"的公众号，定期推送成长所需资讯，以起到细水长流、潜移默化的效果。

优化工作，提高效率，创造更多效益，应该是高效能人士积极主动去践行的旨归。

我也引导沉静的女儿成为积极主动的人。小时候如此，现在也一样。比如到

辑五
做教育真人

大学后，学生会的自荐，研究生的准备，我鼓励她如果自己想争取，都要主动为之。不问结果，只问耕耘，保持良好的状态去遇见更好的自己。

孩子表示同宿舍的几个姑娘，不太勤奋，回到宿舍就是玩手机。如何让自己心平气和地保持勤劳和勤奋呢？我这样引导她：和同伴多分享，包括食物、事情、心情等，在宿舍里多干点活，打扫卫生、整理房间要积极主动，不要计较做得多，牢记吃亏是福。宿友们要互相陪伴四年，她们是生命中非常重要的他人。个人对学业、对优秀的追求不影响做一个与人为善、心中有别人的人。在集体中，首先不是成为优秀的人，而是成为对团队有帮助的人、善解人意的人、受人欢迎的人。愿意多劳动、多付出、能体谅别人的，应该会受人欢迎。快乐是自己的选择，优秀也是自己的选择，但不强求别人。别人是教导不了的，只能影响。做好了自己，可以带动和影响宿友们。事实上，这个年纪的同学很多也是迷惘和幼稚的，身边有目标明确、自控力强的同学，耳濡目染，或许也愿意向着优秀而奔。所以，为了优化自己宿舍的精神环境，我们可以不明哲保身，可以主动而为，可以试着大胆做好自己，并去影响和改变，改变不了，就安然接受，独善其身。

一年多下来，女儿是这样做的，也果真带动了宿友们认真地对待学业。

积极主动的习惯，提醒你遇到事情主动去解决，而非被动等待，或暗自神伤。朋友F是一名资深副校长，去年，曾经帮过她的一名外单位教师第一次做校长，空降过来成为她的顶头上司。为树立威信，经常在行政人员面前挑剔F。F心里很不爽，对工作的劲头也锐减，但出于曾经的帮扶之恩，又不好意思反驳或对立。我建议她主动出击，找到合适的机会去和校长积极沟通，说明感受和心意，表达自己的需求和希望，以改善自己的工作生态。今年一开学，F主动找校长交流，坦露心迹、直抒胸臆，校长也意识到了不妥，表示以后会注意工作方式方法。F说，谈开后如释重负，开学后虽然非常忙碌，但心情和状态好多了。

再来说说"要事第一"的习惯。

一般来说，事情可以分为四类：第一类事务，重要而紧急，比如接电话、危机处理、定时检查的争创工作等；第二类事务，重要但不紧急，比如，预防性措施、培育产能的活动、建立关系、制订计划和休闲，像学习、锻炼、旅行、优化关系等，都是；第三类事务，不重要但紧急，比如，某些会议、电话、信件等；第四类事务，不重要也不紧急，比如，一些琐碎的工作、消磨时间的活动等，像玩手机、煲电话粥等都是。

做教育的明白人

ZUO JIAOYU DE MINGBAIREN

不少人一天到晚疲于奔命，让琐事牵着鼻子走，但细看之下，发现总被第一类或第三类事情弄得急功近利，压力很大，又精疲力竭。或者稍有空闲就把时间浪费在第四类事情上，没有产出，也无助产能，虚掷时间，心生懊恼。

高效能人士能把目光放在平衡产出和产能的关系上（如果说母鸡生蛋是产出，那母鸡的生蛋能力就是产能），将时间和精力集中在重要却并不紧急的事务上，即第二类事务，以 20% 的活动取得 80% 的成果。

要事第一，既提高个人的处事能力，又可以有效地管理自己的时间和生活。

要事第一，就要明确自己的目标是什么，要有勇气说"不"。以我为例，带团队要不断地支出，支出精力、脑力、心力，一年忙下来，真的是身累心累。暑假里只想好好休息，调整身心状态，阅读一些好书，更新迭代自己，以抖擞精神再去迎接下一个学年。有朋友看到说，你每天坐着没事，不如我孩子送你家帮我辅导吧。呵，怎么会没事呢？无论阅读、思考，还是锻炼、旅行，我都在提高自己的产能呀。

为了可以让自己安心地工作、思考，对于上有老、下有小的我们，我一贯是这样的：平时空闲时，多关心引导孩子，多体贴问候老人，让孩子健康无忧地成长，亲子沟通顺畅；让老人开心无虑地生活，没有后顾之忧。

建设良好关系，无论是亲密关系，还是亲子关系，不是等到事情出来，再头痛医头，脚痛医脚，自己手忙脚乱，亲人还怨声载道。后方稳定，你才可以愉快工作，这便是要事第一。

要事第一，就要学会计划，学会授权。还是拿我为例。家里厨房里的事，婆婆很有成就感，厨房自然是她的责任地，我从不指手画脚；对于动手动脑的家事，是爱人的，哪怕他不在家，也要等他回来再处理；孩子的小事，也基本让她自己解决，去上大学时很多东西都是她自己购买和整理的；工作室里，分工明确，责任到人，各司其职。大家热火朝天干，互帮互助学，我负责"看见"与鼓励，考虑资源的调度、效率的提升、方向的引领。

从琐事里挣扎出来的我，则把更多的时间放在思考和学习上，保持产能的增长。

当然，要事第一，还要有自知之明，做不到的，就要缓冲自己的心灵，学会灵活和变通。

一起学做高效能人士，用心工作，轻松生活。

辑五
做教育真人

巧妙管理时间

填不完的表格、写不完的心得体会、五花八门的比赛或活动、各式各样的评比或检查……眼下，一拨拨袭来的非教学任务让不少教师身累，心更累，以至于有老师感慨，都快没时间教书了。

在教师尤其是班主任的日常生活里，往往难以避免这类琐碎工作，但如果处理不当，会大大影响老师的心情和工作状态，进而干扰日常教学，因此，学会处理"非教学任务"，是教师成长中的必要一环。

很多老师想利用空闲时间多学习，但难免听到有老师在慨叹，记忆力欠佳，怎么都记不住；每天分心的事太多，集中不了注意力；想记却静不下心来，很焦虑……

怎么管理精力、注意力，怎么合理安排时间，怎样让自己每天多出一小时来认真做重要事情，也是有方法可寻找的。

一、学会做计划，未雨绸缪

这个计划工作，我觉得可以放在睡前。躺在床上，定下第二天要干的最重要的三件事。当然，考试当前，最重要的事肯定是复习，比如语文教师要背课标、背古诗、做阅读、写文章等。但工作，即教书育人当然是常规的重要事，另外，可能是联系家长、发布游学信息、填写表格、上交作业等。睡前把最重要的三件事，脑子里过一遍后，安静睡下。人的潜意识会在你睡觉的六到八个小时内不停地工作，帮你做准备，这种准备的力量是很强大的。

于是，第二天上班后的前15分钟，在做好一切准备工作后，如烧水泡茶、准备教具、打开电脑、拷好PPT等，就抖擞精神地高效展开今天最重要的工作。

二、学会断舍离，去除干扰

乱糟糟的办公室、办公桌、电脑桌面、手机内存都会让人心情烦躁而不安，你需要的复习的静心，也总会被环境影响而分心。

所以，花半个小时，赶紧把办公室打扫干净，把办公桌上的书籍资料做一整理，应该收纳的放在文件袋，应该摆放好的放整齐，应该丢弃的马上丢到垃圾桶；手机里过多的照片也该删则删，该存则存；电脑桌面上花花绿绿的文档也立刻归置到相应电脑盘内，留下应该处理的文件夹可以发送快捷方式到桌面，便于及时处理，完成后赶紧把快捷方式删除。

目之所及，到处都是井井有条、干干净净的，你的心情会大好，于是，注意力的集中也更有保障。

三、锻炼意志力，保持专注

如果我们把稀缺的意志力比作一块电池，每次消耗完就得快速充电。这里有个规律是，做自己喜欢的事会特别投入，感觉时间悄悄流逝，意志力消耗不用多，就像电池费电不多，可以很长时间不充电；对不喜欢的事，意志力消耗就比较多。

因此，不感兴趣的事，如果不得不做，就像考试，那就得找出正面的动机和要素，比如，能提高自己的综合素养，能考验自己的自律能力，能让自己多学一点东西。只要想到，一切都是为了自己，则无怨无悔。假装着喜欢，可能也会真的投入进去，从而真正喜欢上，从而让自己在复习时可以减少意志力消耗，让自己不那么累。

一天下来，分心的事那么多，意志力消耗不可能不多。充电五分钟，通话两小时。怎么充电？我们可以通过一些训练，让自己快速恢复意志力。比如散步（中午在阳光下的操场上散步10分钟），听音乐（这个是很多人都会尝试的），中午打个盹（休息20分钟可以让下午精力充沛），冥想15分钟（放个冥想音乐，让大脑及时清空，让意念专注）。

也可以尝试着让电池的"容量"变大，让意志力增强。比如，写下目标，贴

辑五
做教育真人

在目之所及的地方，常常激励自己；与办公室同事结对一起鼓励加油，定期互相抽检；在群落里受到监督，打卡坚持；运用定时器等督促自己能较长时间的专注投入。

只要你愿意，肯定能找到好的训练自律性、意志力的方法。

四、分清轻重缓急，习得妙招

一天到晚，我们会面临很多事情，需要很多时间和精力去做。但不少事情，是可做可不做的。你分得清事情的轻重缓急吗？

当你写下了你觉得全部需要做的事项后，拿出额外的几分钟，对它们每一个评一个分值，以10分为最高分，1分为最低分，来表示其重要和紧急程度。

于是，基本上的事情，都可以归到这四类中，即紧急+重要，不紧急+重要，紧急+不重要，不紧急+不重要。最后，我们可以做出筛选，哪些事是紧急+重要，必须马上做，比如重要的会议、本周的大型活动部署落实等；哪些事是不紧急但很重要，必须规划好去做，比如掌握某项技能，成为一名优秀的管理者等；哪些事是紧急+不重要，比如洗碗、洗衣、拖地、买菜、做饭等，在要事当前的情况下，你可以委托别人代劳，或花钱购买服务；哪些事是不紧急也不重要，如果不是有意为了放松，而是纯拖拉和懒惰所致，那完全可以丢弃，如刷朋友圈、看电视、办公室闲聊、煲电话粥等。

分清了事情的轻重缓急，我们可以根据"坐标"，排列任务。如果以"轻——重"为横坐标，"缓——急"为纵坐标，我们可以建立一个时间管理坐标体系。然后把各项事务放入这个坐标体系内，先做紧急且重要的事，再做紧急且不重要的事，然后是不急而重要，最后是不急不重要的事。这样一来我们能更从容、更有效地处理好各类事务，也更有利于我们平衡工作与生活的关系。

那教师的非教学性事务，往往是紧急的，有哪些更好的应对办法呢？

1. 收集信息，制表留存。每当接手一个新班级，把学生的信息收集齐全，制表留存，许多填表任务来时，只要复制、粘贴就轻松搞定了。

2. 调整心态，见缝插针。很多时候往往有这样的体会，刚把一件事情做完，满心喜悦觉得可以缓一缓了，结果上级的一个任务再次下达，沮丧是扑面而来。这时需要调整认知：我可以的！虽然工作很繁忙，可是教学以外的很多事情其实也可以不断提升和充实自我。如果这样想，就不会觉得过分烦躁了。学会巧用零碎时间，课间10分钟、放学后的5分钟都可以用来处理一些容易完成的事。

3. 巧用便签，逐个击破。用便签条按次序记录下需要处理的事情，按照任务紧急程度分类，完成一项勾画一项，看着逐渐清爽的便签条，会有成就感。第二天，先记下昨天没完成的，再写下新安排的事项，又紧锣密鼓开始新的一天。

4. 集中时段，高效处理。有时赶早到校，有时推迟离校，集中一个时间段，把一些琐事处理完，其他时间就可以安心教学了。

5. 关注状态，区别做事。我们要知道同样一件事情，在不同的时间做，速度和效率会有很大的差别。所以，精力充沛时，可以处理复杂烦琐的事情；疲劳时，就做些不需要花心思的体力活；心情不好时，可以做一些自己熟悉或比较感兴趣的事情，调整好心情之后再去做难的、不太感兴趣的事情。

6. 借助外援，分散任务。个人的力量总是有限的，但我们可以适当借助外援，合理分散任务。学生、搭档、家长、亲朋好友都是很好的外援，可以视具体情况看请谁帮忙最合适。如重大的班级活动，邀请热心家长一同参与，帮忙共同管理，不仅能高效地完成活动任务，提高家长和学生参与的热情，也可以使家校关系更紧密、和谐。

7. 适当放手，培养学生。有一种爱叫作"放手"，作为班主任，我们引领着三四十个孩子成长，应该多给他们提供锻炼能力的平台。班级运动会报名表，中高年级的小干部可以独当一面；班级板报布置，请孩子策划并完成；总务处发放班级资料，合适的情况下，安排孩子去领；需要去教导处交材料，安排孩子去跑腿；班级学有困难的孩子，建立"一帮一"结对伙伴。孩子喜欢帮老师做事，适当放手，既让孩子成长，又让教师可以从繁琐的事情中解脱出来。

8. 借助手机，把握时间。有时一天忙下来根本没有时间打开电脑，这时候，就可以利用手机了。可在手机里下载一些办公软件，如钉钉、WPS Office 等，利用排队打饭的时间就可以完成一小部分文字的编辑和文件的处理工作，充分利用碎片化时间。

9. 嘴勤脑勤，事半功倍。不懂就要问，开工之前一定弄清楚任务的要求再去做，这样可以减少做错的概率，也避免返工。主动去学习，学校安排的任务不可能都是自己的专长，涉及不懂的要主动学习研究，尽快弄明白，才能提高做事效率。

辑五

做教育真人

10. 统筹安排，见缝插针。备忘录上有时事情很多，除了有紧急与不紧急、重要与不重要，还可在一些简单、易操作的事情上做个记号，对哪两件事情可以在同一个时间段连着完成做个记号；对哪一件事情适合哪个场地早做计划。早晨上班路上，做一些工作的思考，以便到校第一时间能处理；中午陪伴孩子用餐时，一边吃，一边扫视全班，看看每个孩子的状态；同样，孩子做课中操时，目光巡视，定位今天特别需要沟通的孩子，利用午餐、课中操结束排队回教室的路上，跟他轻松聊两句，若遇到严肃的事情，回到教室迅速在走廊上单独聊。见缝插针，把简单的事情穿插在日常的每一刻可以利用的时间中。

五、当下即做，不容拖拉

知道了哪些事是紧急又重要的，那么我们的选择只能是——马上行动，马上行动。

可是，很多人都会拖拉，每个人都有自己喜欢的逃避的借口。有些逃避的借口会让你看起来很忙碌，比如，去亲力亲为很多事情，去放纵自己游玩、逛街，去积极社交，去过度做某些事情，比如过度打扫，过度关注某个人，过度关注某件事，过度延长吃饭时间，等等。你只是想让自己看起来很忙碌，从而逃避去做那个最重要的任务，可是到头来还是很焦虑，很心慌。那么这个时候，只要不是把精力放在最重要的事情上，都是没有合理安排时间。

所以，不要拖拉，切断逃避借口和路线，当下即做，马上开始。

平时，为了督促自己把精力放在核心事情上，经常可以问自己一个拉金式问题——我现在最应该做什么？

一次次训练，就学着把注意力拉回来，把注意力放在紧急又重要的事情上。

优化时间管理，优化自我管理，告别琐碎、繁杂、手忙脚乱，告别坏心情，让教学和生活更从容，更快乐。

女人如何更好地爱自己

中小学教师，更多的是女性；家庭里管教孩子的，基本是妈妈。

教育者，女性是个庞大的群体。

不可否认的是，身边太多的女人，要么一心扑在工作上，要么一心扑在老公孩子身上。让工作的业绩、孩子的成绩、老公的表现左右着自己的心情。女性的眼里，往往只看到了工作、家庭，唯独没有自己。

于是，女性普遍活得很累。因为事情多，生活压力大，因为没有"看见"自己，不够珍惜自己，别人也怠慢了自己，女人们的心情常常不美丽。

在这个世界上，没有什么比"我"更珍贵。我们应该要永远支持自己，爱护自己。

女人为什么要爱自己

1. 对自己好，才有能力对别人好。

一个人，是给不了别人连自己也没有的东西的。没有钱，就给不了别人；同样，想给予别人爱，可内心缺乏爱，也给不出爱。只有自己满了，才能溢出来，才能有多余的可以给到别人。

2. 自己才是自己忠诚的伴侣。

网络上说，我们的一生，会遇到 8 263 563 人，会打招呼的是 39 778 人，会和 3619 人熟悉，会和 275 人亲近。但最终，都会失散在人海。这一生，能够始终陪伴你、守护你的只有你自己。爱上自己，不离不弃地珍惜自己，是重要的事。

辑五
做教育真人

3. 爱自己，才有可能得到别人的爱和尊重，才有可能真正拥有幸福。没人会长久地去爱连自己也不爱自己的人的。

女人怎么爱自己

我们的日常，不外乎工作、家庭、生活，还有自己的内心。女人不可能脱离这些，去空谈爱自己，因为我们每天需要面对这些。

工作方面：

1. 善待工作

大家对《中国机长》里的袁泉印象深刻吧，演技很好。这么多年，袁泉淡泊名利，在话剧的舞台上磨砺演技，虽然年过四十，却越来越有风采。女人爱自己，是珍惜自己的才华、潜力，让它充分发挥出来，不枉人间这张入场券。

身边很多朋友，工作中兢兢业业，找到价值，创造让自己愉悦的感觉，就是爱自己。

很多女人，家里男人或许很会赚钱，有底气让你做全职太太，你也最好有自己的一份职业。工作是我们的立身之本，一让自己拥有价值，二让自己经济独立，从而人格独立。自己赚钱买花戴，最是高贵。

2. 保持状态

每天尽可能开开心心地去工作，让自己保持好的状态。如果你是职业女性，那上班时间就更长了，若不在工作中保持好心情，那人生的一半时间就是沮丧的，这怎么会是爱自己呢？所以，认真工作、不断学习，学会从工作中创造心流、享受快乐，那是突破自己的快乐，是不断提升自己的快乐。这样的快乐才是真正持久的、幸福的。

爱工作就是爱自己。如果你每天沉着一张脸去上班，丝毫不觉得工作的乐趣和意义所在，就需要赶紧调整自己认知、心情和状态。如果现在的工作确实不适合自己，让自己不开心，条件允许的情况下，可以换一份工作，找到自己真正的兴趣和特长。

做教育的明白人

ZUO JIAOYU DE MINGBAIREN

家庭方面：

1. 未雨绸缪，早下功夫

头痛医头，脚痛医脚，到处做救火队员，女人就会活得很被动，总是被琐事牵着鼻子走。

若要对生活享有主动权，那很多事情要早早做功课，无论孩子的教育，还是亲人关系的建设。正确把握好妻子、母亲、女儿、儿媳等身份，关爱家人、孝亲敬长、重视教育，创造好的家风；能换位思考，主动帮助，让家人开心舒心；关注孩子的品行培养，让孩子健康成长。

比如对父母、公婆，关注他们的饮食情况，向他们渗透健康饮食的习惯和方法，引导他们注重锻炼和养生，带他们及时去体检。看到他们心情不太明亮，和他们聊聊天，疏导疏导心理，定期带他们出外散散心，这样，老人们就会更健康快乐。他们身体好了，女人就少很多事情了。

孩子的教育，作为母亲，也得多学习，提升自己，教育孩子有规则、有方向，及早打好沟通基础，信任、尊重和鼓励孩子，这样，孩子就能从小拥有良好的学习习惯和学习态度，青春期时也不会和你对着干，你就可以有更平和的心境了。

2. 经营家庭，经营关系

好的关系是可以滋养女人的，女人身处优质的关系里，身心愉悦，情绪平和，真的可以美容。但好的关系，不是天上掉下来的，需要努力去学习，学习沟通，学习了解自己、了解孩子、了解男人。

真正好的爱是什么？是这样的关系里，情绪会被看见，心情能被理解，孤独可以共情。对方能慈悲地看待你的光鲜和失落，你可以安心而镇定地做自己。否则，纵使你人群中寻找多少人，遇见多少人，灵魂依然孤独。

推荐一本书《非暴力沟通》，营造好的关系需要学会沟通，无论夫妻关系还是亲子关系。改变说话方式，了解自己和对方的感受和需求，我们可以沟通得更好。

另外，也要保持这样的强者心态，对感情也不要过于奢求。我们女性的痛苦很多来自于两性关系。感情，某种程度上说，其实是一个人的事。愿意付出，就不要奢求回报，或回报多少。我内心有爱，爱满则溢，你是我爱的承载对象，那我要谢谢你，有你的存在，我的爱有投射方向，我的爱不虚无。但我的内心很富

辑五
做教育真人

足丰盈，并不奢望你回报多少。"我爱你，但与你无关"，这样的境界好高，却可以"行不能至，但心向往之"。

很多人，愿意付出，甚至执着于付出，但有高期待，患得患失，时悲时喜；很多人，内心从小缺乏爱，所以要去抓取、控制别人，以得到爱，但如手中握沙，握得越多，握得越紧，反而流失得越快。所以，在情感世界里失望的女性太多了。

如果你足够爱自己，你就一定会有不一样的表现，你不会允许拿别人的错误来惩罚自己，你也会尽快忘记给你带来不愉快的人和事，因为一切是为了我们自己。快乐是最好的美容品，你一定会赶紧美容的。

张德芬说："亲爱的，外面没有别人，只有你自己。"你的爱，你的想法，你看到的一切，都是你内心对外界的投射而已。

生活方面：

1. 保养自己

对身体，我们女性要足够重视，特别是规律作息，不要熬夜。还有规律饮食，多吃些蔬菜、水果、粗粮，到秋冬天，适当补补身体，要营养健康地选择食物，而不是随心所欲地胡乱吃。做做身体、贴贴面膜，适当化化淡妆，对我们来说，不是特别难的事，但都可以看出你是否爱惜自己。保养自己，也包括注重锻炼。走路、跳跳广场舞、做做瑜伽，都是可以一个人做的运动，也是可以坚持的。

2. 持续学习

女人必须要学习。三日不读书，面目可憎。为了家庭孩子，很多女性没有时间学习提高。

有时候我们对孩子、爱人不满意，对生活不满意，其实说到底，是对自己不满意。因为内心充满了穿旧鞋、走老路、唱老歌的焦虑和恐慌，想学习、想紧跟时代步伐又没有时间、没有精力。只有不断学习，不断接收新的思想，教育孩子才有底气，面对生活才能更从容，和爱人交流也有谈资。爱人优秀，你和他并驾齐驱；爱人不够优秀，你也能独善其身。现在学习的机会太多了，专门的培训，或者很多学习的App，开车、走路、做家务都可以听。如果每天有属于自己的安静时光，还可以多看看好书，腹有诗书气自华，岁月从不败美人。

3. 时间管理

女性不要让自己整天像救火队员，焦头烂额，否则哪有时间面对自己、关爱自己？

做好时间管理，让自己更从容些，也是爱自己的表现。那么如何做好时间管理？如何像海绵里挤水一样挤出可贵的时间来，是需要智慧的。前文有专门讲到时间管理。

我有个同事，一个人带着孩子。每天晚上陪孩子做作业、讲故事、自己备课等，10点前睡下。早上6点起床，晨跑半小时，边跑边听些微课，然后回到家里洗澡、做早饭，做早饭时，一边贴面膜，一边听音乐或书籍，早餐后送女儿上学，自己8点前准时上班。每天早晨的时间，统筹安排，为自己赢得了锻炼、学习、保养等关爱自己和自己安静相处的时间。

4. 拥有朋友

女人拥有自己的朋友，有自己的社会支持系统，是非常要紧的。很多女性朋友一旦结婚，往往把以前的好朋友放到了一边。生活中，我们都会有各种情绪，而且有孩子的头几年，往往会有很多的负面情绪，如果都让家庭来承载和消化这些情绪，是不太可能的。所以，如果你有要好的朋友，偶尔一起喝茶聊天、爬山旅行，甚至就是纯粹一起吐吐苦水，也非常有利于你的身心健康。

如果朋友不多，也没关系，就让自己做自己最好的朋友，难受了，能哭一哭、唱一唱、写一写，去山上吼几嗓子，也是释放自己的方法。

5. 拥有爱好

有个朋友，工作很清闲，在家里面对着电脑上个班，算得上半个全职太太。几年前她却苦闷不已，因为长时间待在家里，看老公儿子不顺眼，心里不舒畅。后来她跑步、练瑜伽、去健身馆、看书、写字，整个人状态好多了。

作为新时代的女性，我们不仅要努力工作，提升自我。也要有诗有茶有情趣，追求健康和美丽，有份爱好，可以让我们的心有所寄托，精神能够充实。比如爱好爬山、走路，运动起来，保持了身材，也愉悦了身心；比如爱好读读养生知识，践行养生方法，身体不会辜负自己的用心；比如爱好旅行、摄影，桃红柳绿时，枫叶飘黄季，不忘拍拍美照，来个写真，留住美景，也定格岁月；比如爱好读读书、写写文章，享受静时光，充实自己，也是不亦乐乎。

辑五
做教育真人

心灵方面：

1. 接纳自己

对自己好点，买好东西犒劳自己，吃好穿好……这样是爱自己，但还远远不够。真正的爱自己，包含了我们潜意识深处的三个核心自我信念：第一，无条件地自我接纳，不自我苛责，淡定从容；第二，足够高的自我价值感，不自我攻击，自信有主见；第三，发自内心的配得感，进入任何关系都不惶恐焦虑，安全感强。

我们常常觉得伤害来自于别人的不认可、否定、评判、贬低、看不起、攻击自己。其实，这一生，绝大多数的伤害源于自己。经常地否定自己、怀疑自己、评判自己、不接纳自己、冒犯自己的人，是自己。

也许你不够美，但很善解人意；也许你身材不够好，但事业出色；也许你交际能力不够强，但你非常贤惠；也许你不够年轻，但你思想成熟；也许你没有多才多艺，但你善于沟通交流。每个人都有不同的优点，我们应该把目光关注在自己的长板上，而不是总拿短板刺激自己，让自己不开心。

人就如自然界的植物，孩子如此，大人也如此。有的是灿烂的鲜花，但它花期短暂；有的是参天的大树，但它经历的风雨更多；有的是无名的小草，但生命力旺盛。千姿百态才是自然界的真实面貌。

能接纳自己的不完美，是需要一个修炼过程的。因为从小，我们都被父母赋予了期望，孩子成龙成凤是每个父母的向往，不优秀，是很难让人心平气和接受的。

当我们能接纳自己所有的不完美，不管别人做了什么，不用别人的行为绑架自己，也不把他人的拒绝和否定作为自己不够好的证据，不攻击自己，永远像最好的朋友一样关怀着自己的情绪、心情。

我就是我，我就是这样的。我不需要遇见更好的自己，只需要更好地遇见自己就可以！

你有底气这样说吗？

2. 善待情绪

没有人天生强大，有焦虑、担心、难受、恐惧，都很正常。人人有七情六欲，不要害怕和自责，任何一次的不如意都是最好的学习机会。把自己的情绪作为静观的对象，感觉它，不逃避、不对抗，接纳它。不管是什么样的情绪，都是心灵的客人。

做教育的明白人
ZUO JIAOYU DE MINGBAIREN

也许，你升了职，压力颇大，杂事繁多，加班加点成了家常便饭，一脸焦虑和疲惫；也许你是老师，新接手了不安分的班级，一天到晚马不停蹄、分身乏术、叫苦不迭、寝食不安；也许，你的孩子正值青春期，凡事和你对着干，迷恋上网、不爱读书，不肯说心里话，让人又气又急，却无可奈何。还有，我们很多人，一大堆工作猝不及防，铺天盖地，滚滚而来，压力、烦躁，也接踵而至了……

情绪没有对错，它是一种能量。如果内在有许多情绪没有处理，就会累积起来，然后再不停地寻找出口，最后，变成一种很强的力量伤害自己，也可能伤害别人，就像只堵不疏的洪水，一旦泛滥决堤，后果不堪设想。

那么，索性告诉自己：情绪，你来了就来了，你来了自然有你来的理由，既然来了，我就和你和平共处，你从容流动，我静观内心。什么时候你想走你就走，我不推辞也不挽留。下次你若还来，我依然故我，坦然迎你，你要走，我也不惊不乍。平平淡淡，不焦不躁，与情绪安然相处，那么无论是怎样的负面情绪，伤害自己也会最轻的。

3. 大胆说"不"

不为别人的期待而活，做自己真心想做的事，把自己从别人的眼光里解救出来。这个世上有很多人，关心自己给别人什么印象比关心自己多。

和比你优秀的人在一起，你会感到拘束，不敢表达自己，怕被笑话吗？和朋友看上同一样东西，你是不是总是假装无所谓，然后让给她？你的伴侣让你陪他做你不喜欢的事，你是不是总是会笑着答应？同事领导让你帮忙，你是不是哪怕再忙，加班再晚，都会点头答应？

如果你内心持续不舒服，你敢大胆地把"不"说出来吗？敢真正呵护到自己内心真实的想法、真实的需求吗？

当然，你学会说不的同时，也要学会精简欲望，减少渴望人人夸你好，人人说你是好人的不恰当想法。

前几天深夜，有个老朋友向我诉苦，说快抑郁了，觉得生活没有意义，看不惯领导，却言听计从；看不惯个别同事出言伤人，却总一笑了之，其实内心难受。我鼓励她学着拒绝，学着表明自己的立场。

我们自然要做善良、仁慈的人，但前提是，要爱自己，敢于正视和认识自己，诚实地面对自己。做到自爱，你才有能力去爱别人。

辑五
做教育真人

我们是给不了别人连自己都没有的东西的。

说人话、说真话，会让你活得真实、痛快些。

遇到事情敢于诚实地面对自己，让身心和谐一致，情绪自然流动，沟通讲究策略，善待他人，也不委屈自己，这样的好人，才值得坚持做。

4. 清晰说要

总是忙于生活的鸡毛蒜皮，我很想去旅行一次。——这是心里对自己说。

亲爱的，我想让你多留一点时间陪陪我。——这是心里对老公说。

妈，你不要老指责我，我已经都有孩子了，你把我当成年人来交流吧。——这是心里对父母说。

孩子，妈妈今天很累，我多么希望你能乖巧、懂事一点。——这是心里对孩子说。

生活中，我们往往对爱人、孩子、亲人有很多要求，却不能直接表达。当自己不满意时，改为指责、抱怨、批评等形式来含蓄地表达自己想要的理解和爱，可对方往往误会你的需要，或者仍用原来的方式对待你，你心里就更不开心。

让我们大胆而清晰地表达出来。

老公，你每天都这么迟回家，我心里不舒服。我想让你早点完成工作，回家多陪陪我和孩子，可以吗？

老公，生日时我很想收到你的小礼物，那让我很有仪式感，很开心。

孩子，妈妈累了，你帮我干点活好吗？

无论我们要求对方做什么，还是拒绝对方做什么，这里面都有我们的需要。敢于直面和承认自己的需要，并为此负责，同时能够理解并尊重他人的需要，这就是爱自己。

在波澜壮阔的岁月里，经历无数的困难与磨砺，一个真正优秀的女人获得成功新生，一定是从爱自己开始。唯有真正走进自己内心，才能活得真实而充满力量，活得纯然而绽放。不依赖外物，不依赖某个人，自己强大才是真的强大。让我们好好爱自己，生活得更从容更幸福。

后 记

做了二十几年教师，做了二十年家长，做了近二十年的家庭教育讲师，接触了太多的家长和老师，也看见了老师与家长的许多困惑与烦恼。

有些烦恼来自于客观现实，有些烦恼来自于主观能力，但很多烦恼来自于思维和认知。

教育是有常识的。比如，教育如农业，需要慢条斯理，精耕细作，而不是追求短平快；教育是先教孩子成人，再教孩子成才；教育是爱的事业，爱是教育的意义所在；教育需要看见人内心的本质的需求，比如追求赏识和肯定，一味指责、惩罚不可能有真正好的教育效果；教育需要平和的心态，学会等待，太焦虑、太急于求成往往适得其反；教育需要有分寸、有尺度，不纵容不溺爱，让孩子有规矩、明事理；教育需要推己及人，是己所不欲，勿施于人；教育是立德树人，引领真善美的生命成长……

做教育的明白人，就需要了解常识，坚守常识。

每一名教育者，思考在路上，实践在路上，成长在路上，永不停歇。

让我们同行！

本书的出版，得到了海亮教育集团领导的支持和赞助，得到了我的导师朱教授的悉心指导和帮助，也得到了我的家人、同事和亲朋好友们的支持和鼓励。在此一并致以谢忱！

楼秀萍
2021 年 3 月